CÓMO AMAR SIN MIEDO Y ABRIRTE EMOCIONALMENTE

Cómo Abrirte a Nuevas Personas en tu Vida sin el Miedo Paralizante a Salir Lastimado

MIKE BAILEY

© **Copyright 2022 – Mike Bailey - Todos los derechos reservados.**

Este documento está orientado a proporcionar información exacta y confiable con respecto al tema tratado. La publicación se vende con la idea de que el editor no tiene la obligación de prestar servicios oficialmente autorizados o de otro modo calificados. Si es necesario un consejo legal o profesional, se debe consultar con un individuo practicado en la profesión.

- Tomado de una Declaración de Principios que fue aceptada y aprobada por unanimidad por un Comité del Colegio de Abogados de Estados Unidos y un Comité de Editores y Asociaciones.

De ninguna manera es legal reproducir, duplicar o transmitir cualquier parte de este documento en forma electrónica o impresa.

La grabación de esta publicación está estrictamente prohibida y no se permite el almacenamiento de este documento a menos que cuente con el permiso por escrito del editor. Todos los derechos reservados.

La información provista en este documento es considerada veraz y coherente, en el sentido de que cualquier responsabilidad, en términos de falta de atención o de otro tipo, por el uso o abuso de cualquier política, proceso o dirección contenida en el mismo, es responsabilidad absoluta y exclusiva del lector receptor. Bajo ninguna circunstancia se responsabilizará legalmente al editor por cualquier reparación, daño o pérdida monetaria como consecuencia de la información contenida en este documento, ya sea directa o indirectamente.

Los autores respectivos poseen todos los derechos de autor que no pertenecen al editor.

La información contenida en este documento se ofrece únicamente con fines informativos, y es universal como tal. La presentación de la información se realiza sin contrato y sin ningún tipo de garantía endosada.

El uso de marcas comerciales en este documento carece de consentimiento, y la publicación de la marca comercial no tiene ni el permiso ni el respaldo del propietario de la misma.

Todas las marcas comerciales dentro de este libro se usan solo para fines de aclaración y pertenecen a sus propietarios, quienes no están relacionados con este documento.

Índice

Introducción — vii

1. Los 3 Tipos De Apego Inseguro — 1
2. Datos Sobre El Apego — 11
3. Cómo El Apego Inseguro Afecta A Su Estilo De Amor — 23
4. Apego Y Amistad — 33
5. Citas Y Apego Inseguro — 45
6. Cómo Encontrar A Tu Pareja — 55
7. Cómo Sentirse Bien Sin Una Relación — 65
8. Mitos Del Amor — 79
9. Tratar Los Problemas De Apego Inseguro — 113
10. Las Nuevas Habilidades Que Necesitas Aprender — 125

Conclusión — 153

Introducción

¿Las cualidades y comportamientos más esenciales están determinados por la genética o son aprendidos? Este es el debate más duradero de nuestro tiempo, e influye mucho en el temor que tenemos a amar.

La visión científica moderna es que la capacidad de comportarse de formas específicas es genética, pero las experiencias determinarán cómo, cuándo y si estas capacidades se comprometen.

Dado que el apego amoroso tiene que ver con la forma de gestionar la angustia, la respuesta estaría en la frecuencia con la que se experimenta la angustia. La forma en que se expresa reside en los factores genéticos, pero las respuestas al estrés se modifican mediante el aprendizaje y las experiencias. Por lo tanto, la forma en que un bebé desarrolla un estilo de apego es principalmente aprendida.

Introducción

Las relaciones pasadas con los padres y los cuidadores ciertamente conforman lo que esperas de las relaciones posteriores y cómo tomas parte en ellas, específicamente en los vínculos románticos. Desarrollas un modelo de cómo interactúas en las relaciones adultas, cómo buscas consuelo o lo alejas, cómo confías o no, y cómo afrontas cualquier situación que pueda percibirse como un conflicto.

Sin embargo, otras relaciones y circunstancias en sus años de formación, así como las relaciones posteriores, también desempeñan un papel importante.

Para que una relación tenga éxito, las personas deben estar seguras. Esto significa que necesitan gobernar sus emociones y hábitos para garantizar una convivencia pacífica con su pareja. Los miembros de la pareja deben estar bien adaptados para tener una relación sana y gratificante. Pero, lamentablemente, no se puede decir que este sea el caso de muchas relaciones. Las parejas que luchan con problemas de apego inseguro son prácticamente incapaces de tener relaciones sanas. Los psicólogos creen que el apego inseguro comienza en la primera infancia. Las experiencias de un niño en relación con sus padres y el entorno que le rodea van a influir en cómo se convertirá en adulto. Cuando un niño desarrolla un vínculo saludable con las personas de su primera infancia, se vuelve seguro. Esto significa que tendrán una actitud positiva y esperarán lo mejor de los demás.

Introducción

Esos niños crecen y se convierten en compañeros sólidos que esperan que los demás cumplan su parte.

Pero cuando un niño tiene un vínculo poco saludable con su entorno en los primeros años de vida, es probable que crezca mostrando un apego inseguro, por lo que espera lo peor de la gente. Estas personas acaban desconfiando de los demás, lo que supone un reto importante en las relaciones. Es probable que sean imprevisibles. No mostrarán ninguna coherencia en sus comportamientos y acciones. Un momento pueden actuar cargados e interesados y al siguiente pueden actuar retraídos y desconectados, como un robot. El apego inseguro puede superarse, pero requiere la plena participación de la persona afectada. Este libro profundiza en el tema del apego inseguro y hace sugerencias sobre cómo deshacerse de él.

Las relaciones desempeñan un papel fundamental en nuestra felicidad, pero si los miembros de la pareja no son compatibles, puede dar lugar a un tremendo dolor. Uno de los factores que contribuyen a las relaciones difíciles son los problemas de apego inseguro en uno o ambos miembros de la pareja. Los problemas de apego se derivan de las experiencias de la infancia del individuo. Si tuvieron una relación estable con sus padres, desarrollaron un vínculo saludable con otros seres humanos, y en años posteriores, cuando entren en una relación, tendrán una mentalidad positiva y esperarán confiar en la otra persona. Sin embargo, si tuvieron una relación negativa con sus padres, es probable que hayan desarrollado un

Introducción

vínculo poco saludable, lo que hace que les resulte difícil confiar en sus parejas.

Estas personas esperan que su pareja les haga daño, y esta mentalidad suele sabotear la relación.

Las relaciones son difíciles. Es una verdad común.

Se podría pensar que aprender a pasar grandes cantidades de tiempo con otra persona, tal vez vivir con otra persona, y coexistir a su lado sería fácil. Todos somos humanos, ¿verdad?

No es así.

Aprender a comprometerse, a comunicarse, a superar los conflictos, a expresar las emociones y a confiar es extremadamente difícil. No nacemos para tener relaciones de forma natural, es algo que tenemos que adaptar y aprender.

Puede que piense que estamos haciendo que el mundo del amor parezca un curso que hay que hacer en la universidad, con un examen bastante duro al final, pero pregúntese esto: si las relaciones fueran fáciles, ¿estaríamos hablando de ellas todo el tiempo?

¿Habría tantas revistas de moda con artículos dedicados a ellas? ¿Habría tertulias lamentando los problemas de las relaciones?

Introducción

No, simplemente permitiríamos que las relaciones encajaran en nuestras vidas, quizás de la misma manera que lo hacemos con Netflix.

Una relación exitosa requiere trabajo duro, compromiso y confianza, pero esas tres cosas no son fáciles de conseguir en estos tiempos.

El número de parejas con problemas de confianza es asombroso, y eso puede deberse a una infidelidad previa o a una simple paranoia debido a la cantidad de medios sociales que utiliza una de las partes de la pareja.

No, las relaciones no son fáciles, pero merecen más que el trabajo duro.

Si eres una persona a la que le cuesta el amor, no te preocupes más. No estás solo y, desde luego, no eres una minoría. Es importante sentirse cómodo, ser uno mismo, estar seguro y ser feliz en cualquier relación que se inicie, pero vamos, ¡es más fácil decirlo que hacerlo!

Se supone que el amor debe ser tranquilo, feliz y edificante, pero a veces está tan plagado de problemas de ansiedad que cada día con esa persona puede convertirse en una tarea.

Si quieres librarte de la ansiedad en las relaciones, el primer paso es reconocer de dónde viene y admitir que está jugando un papel en tu vida.

Introducción

El camino hacia la felicidad y la seguridad en el amor empieza por uno mismo. Nadie puede arreglar un problema por ti, pero podemos ayudarte a identificar de dónde viene el problema y darte los mejores consejos para superarlo.

No vamos a predicar, no vamos a juzgar, y no vamos a decirte que con un poco de esfuerzo puedes arreglar cualquier problema que se te presente.

Lo que sí vamos a hacer es mostrarte que el futuro puede ser mucho más brillante de lo que es ahora, y que puedes encontrar pronto el camino hacia una relación feliz, sana y segura.

Como seres humanos, tenemos un deseo innato de conectar con los demás. Esto nos ayuda a sentirnos necesarios, a formar parte de algo más grande que nosotros mismos, y también nos hace sentirnos queridos. Por supuesto, nadie necesita una pareja para sentirse completo, eso es algo totalmente distinto. De lo que hablamos aquí es del deseo humano de formar parte de una unión.

Puede que conozcas a alguna persona que simplemente no quiera tener una relación. Eso está bien, pero lo que probablemente encontrarás es que buscan conexiones de amistad en su lugar. Todos necesitamos gente en nuestras vidas; nos ayuda a sentirnos más felices, más sanos y con más esperanza en el futuro. La soledad es una de las principales causas de la depresión, y todos conocemos el oscuro camino al que te lleva la depresión.

No es de extrañar que uno de los mejores métodos de autoayuda para controlar la depresión sea rodearse de personas a las que quieres y te importan, aquellas que te levantan el ánimo y hacen todo lo posible por levantarlo. Esto se debe sencillamente a que las hormonas del vínculo que libera nuestro cerebro cuando estamos cerca de otras personas nos dan un subidón natural.

Piensa en las primeras veces que conociste a tu pareja. ¿Se te ponían los pelos de punta cuando los veías? ¿Pensabas en ella constantemente? Eso es que tu cerebro está lanzando oxitocina y otras hormonas de unión, que te ayudan a sentirte conectado a otra persona. Casi parece una adicción, porque te sientes feliz y contento siempre que estás cerca de ella y la echas de menos cuando no está.

Por supuesto, esto disminuye después de un tiempo, pero para entonces la cercanía se ha desarrollado de manera diferente.

Las relaciones nos ayudan a ser una mejor versión de nosotros mismos. Nos ayudan a abrirnos y ser vulnerables, a arriesgarlo todo por amor, y nos dan la oportunidad de amar a otra persona incondicionalmente. El amor es bello, pero también puede ser extremadamente rocoso y difícil de vez en cuando.

Introducción

Lo que hay que decir aquí es que nunca debes sentir que tienes que estar en una relación para estar completo. La única persona que puede hacerte completo eres tú mismo, pero compartir tu vida con otra persona aporta una dimensión adicional de felicidad y satisfacción. Esta persona se convierte en parte de tu familia, y vuestra relación se fortalece. Al principio, todo son lunas de miel y estrellas, pero con el tiempo se enfría y se convierte en un verdadero compañerismo con el paso de los años.

Las relaciones son hermosas, pero tampoco hay que quedarse en la equivocada.

Recuerda que no necesitas una relación, pero si quieres una, debes entender lo que no debes hacer y cómo no debes sentir, para mantenerla hermosa.

1

Los 3 Tipos De Apego Inseguro

Las diferentes formas de comunicarse y participar en las relaciones describen los estilos de apego. Los modelos de apego se centran en cómo se comunican los niños y los padres durante la primera infancia. Los tipos de apego se utilizan en la edad adulta para identificar los patrones de compromiso en las relaciones románticas. La teoría y los estudios sobre el apego que surgieron a lo largo de las décadas de 1960 y 1970 desarrollaron el concepto de estilos de apego. En la actualidad, los psicólogos suelen reconocer cuatro estilos de apego significativos.

¿Qué es el apego?

El apego es una relación emocional que implica un intercambio de calor, trato y disfrute. El estudio del apego comenzó con las teorías del amor de Freud, pero como padre de la teoría del apego se cita a otro escritor.

Un equipo de científicos compartía el punto de vista psicoanalítico de que las experiencias de la primera infancia son importantes para influir en el desarrollo y el comportamiento más adelante. Nuestros primeros estilos de apego se establecen en la infancia a través de la relación bebé-cuidador.

Además, se creía que el apego tenía un componente evolutivo: ayudar a la supervivencia. La propensión a establecer fuertes lazos emocionales con determinados individuos es un componente básico de la naturaleza humana, se explicaba.

Apego desorganizado/desorientado

El apego desorganizado es reconocido como un serio predictor de inadaptación y psicopatología en los niños.

El apego desorganizado hace que los niños corran el riesgo de no controlar sus emociones, sufrir estrés, tener comportamientos hostiles y agresivos y estilos de interacción coercitivos. Carecen de autoestima y confianza, son rechazados por sus compañeros y tienen dificultades académicas, especialmente en matemáticas.

Los niños que tienen un estilo de apego inseguro y desorganizado muestran una falta de comportamiento de apego claro. Describimos a estos niños como si mostraran un comportamiento aturdidor, a veces pareciendo confusos o aprensivos en presencia de un cuidador.

Dos científicos propusieron que el comportamiento inconsistente de los padres podría ser un factor que contribuye a este estilo de apego. Como el niño se siente a la vez reconfortado y asustado por los padres, se produce una confusión.

El niño pequeño tiene comportamientos incoherentes y a menudo frustrantes en este tipo de apego. Por ejemplo, puede aferrarse al apego mientras mira hacia otro lado o llorar cuando se va sin cerrar. Estos comportamientos parecen incomprensibles y muestran que no se ha construido una estrategia de apego coherente.

Apego ansioso-ambivalente

En este caso, tenemos un niño que aprende muy pronto que no puede confiar en sus padres. A veces, le muestran algo de afecto, mientras que otras veces son fríos y distantes.

Son padres y madres que oscilan entre momentos de abandono o negligencia y momentos de severidad y control.

Todo ello genera situaciones ambivalentes en las que el niño vive en un estado de ansiedad e inseguridad constantes.

Tiene poco o ningún control sobre lo que ocurre, por lo que no sabe qué esperar; una incertidumbre que no sabe gestionar y que sólo genera inseguridad.

Los estilos de apego y la memoria emocional nos dicen que la persona, en este caso, acaba centrándose en determinados acontecimientos del pasado. Por ejemplo, el adulto recordará aquellos momentos del pasado en los que necesitó apoyo o ayuda y no la recibió, momentos en los que se sintió solo, asustado...

Se crea, por tanto, un apego a esas cuestiones no resueltas y dolorosas de las que se alimentan aún más la rabia y la frustración. Son emociones que bloquean a la persona, de ahí que a menudo le resulte difícil liberar cada recuerdo, cada experiencia dolorosa.

En el apego ambivalente, el apegado a veces proporciona conductas de cuidado y otras veces no.

Es esta inseguridad la que hace que los niños no quieran explorar el mundo ya que no saben si, cuando piden ayuda, sus demandas serán atendidas o no.

Este tipo de apego ambivalente da lugar a personas que, en las relaciones, no saben afrontar sus problemas de forma autónoma. Además, son personas que dirigen su atención hacia la ansiedad y el miedo y buscan compulsivamente esa atención y ayuda.

De niños, ellos:

- Pueden desconfiar de los extraños
- Están muy angustiado cuando los padres se van
- No se sienten reconfortados cuando los padres regresan

Como adultos:

- Son reacios a acercarse a los demás
- Se preocupan de que su pareja no les quiera
- Se enfadan mucho cuando las relaciones terminan

En el caso de los adultos, los que tienen un estilo de relación ambivalente suelen dudar en comprometerse con los demás y les preocupa que su pareja no corresponda a sus sentimientos.

Esto lleva a frecuentes rupturas, sobre todo por relaciones frías y distantes. Algunas personas se sienten especialmente angustiadas tras una ruptura matrimonial.

Investigadores identificaron otro patrón de patología en el que los adultos ambivalentes se aferran a los niños pequeños como fuente de protección.

Apego ansioso-evitativo

En este caso, el apego evitativo aparece cuando el niño asimila, aunque no sea conscientemente, que su necesidad de cuidados será respondida con indiferencia, cuando no con desprecio. Esto significa que, por lo general, estos niños intentan convertirse en personas emocionalmente autosuficientes.

. . .

Así, para no experimentar más daño, vacío o sufrimiento, optan por conformar un desapego emocional que caracterizará gran parte de sus relaciones.

Los estudios, como el mencionado, demuestran que en estos casos es habitual que se produzcan lagunas, recuerdos inconexos o fragmentados. Muchos episodios de la infancia se olvidan o se recuerdan de forma inexacta.

Curiosamente, las personas que se caracterizan por un apego evitativo en sus relaciones afectivas también presentan problemas de memoria.

Probablemente, el olvido facilita su distanciamiento emocional de las personas que les rodean. Como hipótesis, podemos pensar que se trata de un mecanismo de defensa que acaba provocando que el propio cerebro baje la intensidad del sufrimiento a costa de elevar el umbral de sensibilidad.

Como vemos, los estilos de apego y la memoria emocional comparten un vínculo directo. La calidad de nuestras relaciones pasadas mediatiza la calidad de nuestra vida emocional. Así, si un pasado de experiencias traumáticas se esconde tras la puerta de nuestro presente, es necesario cruzar ese umbral para resolver y sanar ese universo.

El apego evitativo surge cuando el cuidador no responde a las demandas de atención del niño. Por lo tanto, y como no se han acostumbrado a ello, estos niños no buscan a sus cuidadores cuando exploran el mundo; les parece que no existen.

Las relaciones que surgen debido a un apego evitativo son esquivas.

No se atienden las señales de ansiedad y miedo de la pareja, y tampoco se busca su ayuda cuando se siente ese miedo o se necesita atención. No se solicitan esos cuidados y no se busca el apoyo social para resolver los problemas.

En el momento de la separación, el niño inseguro y evasivo no recurre a su apego e intenta enmascarar su malestar emocional mediante el desapego a la situación y al entorno físico. Finge indiferencia o evita el contacto con su cuidador permaneciendo más centrado en sus juguetes. El niño pequeño no parece desarrollar una base de seguridad en relación con su madre, lo que puede dar una impresión de independencia temprana.

La conducta de evitación insegura se ha observado en niños pequeños llorones, que entran en pánico durante la separación de su cuidador y que, a su regreso, lo rechazan con rabia, sin mostrar ningún signo de alivio. En una situación experimental, los niños evasores inseguros serían los que muestran más emociones y ansiedad, lo que provocaría la desactivación de su sistema de apego para gestionar mejor esta situación. En este contexto, el niño pequeño destaca, muestra poca emoción, se orienta más hacia la exploración y se ve obligado a adoptar una autonomía temprana como estrategia de supervivencia.

Los científicos explican que las estrategias de apego evitativo se refieren al fracaso de la compañía de retención.
Es lo que se denomina "síndrome de rechazo" para las madres que muestran una profunda aversión al contacto físico. Las estrategias de este tipo de apego adquieren así un valor defensivo y una función de adaptación ante un entorno rechazante.

En los adultos, este tipo de apego da lugar a un estilo de apego desapegado. El individuo se describe a sí mismo como incómodo en una relación íntima y profunda, así como ansioso en situaciones de cercanía. Según los científicos, el sujeto desapegado percibe la relación con los demás como una proximidad amenazante, porque corre el riesgo de despertar el miedo arcaico a ser rechazado por la persona significativa. Estos individuos tienen confianza en sí mismos, pero no en los demás, lo que les hace evitar las relaciones íntimas. Una investigación afirma que hay un 17% de adultos en la población general que sufren este tipo de apego.

2

Datos Sobre El Apego

El apego de un bebé a un cuidador significativo es el acontecimiento más trascendental en el desarrollo de la personalidad del niño. Es la fuente de los sentimientos de seguridad, autoestima y autocontrol del niño. Sin embargo, el impacto de una primera conexión va mucho más allá de la emoción. Afecta a la forma en que el niño recuerda, conoce y se lleva bien con los demás. Una conexión estable, una conexión débil o la ausencia de una conexión conectan el cerebro de un niño en un patrón establecido.

¿Cómo es posible que un aspecto de la primera infancia tenga tanto poder a lo largo de la vida? ¿Y cómo saben los psicólogos infantiles sobre el apego?

Este segmento responde a ambas preguntas.

. . .

Hace más de 50 años, un grupo de científicos completó sus observaciones naturalistas de los adolescentes, y las investigaciones posteriores no hicieron sino reforzar sus opiniones entre los psicólogos. Bowlby era un psiquiatra británico y un psicoanalista profesional que reconocía los conocimientos básicos del psicoanálisis sobre la importancia de la interacción en la primera infancia en el desarrollo de la personalidad. El equipo aplicó a las teorías un análisis detallado de las experiencias particulares que crean una primera relación segura y precaria entre una madre y su hijo. Y se basa en la etología para establecer la teoría de la organización con el fin de explicar cómo estas relaciones se derivan de los instintos de supervivencia de la madre y el niño.

Está en tu sonrisa. ¿Cómo puede alguien resistirse a una cara así? La sonrisa de un bebé y las mejillas de un recién nacido son realmente irresistibles para muchos adultos. El equipo demostró cómo este encanto visual funciona como una brillante adaptación (no muy diferente a la de los gatitos, los pájaros o los vaqueros) para asegurar que el camino del bebé es casi esencial para su afecto, comodidad y alimentación. Las acciones inherentes a una madre para apoyar y proteger a su recién nacido son suficientes para hacerla partícipe de esta relación tan mutua.

. . .

Los bebés disponen de una amplia gama de señales muy eficaces en lo que el equipo denominó el sistema de apego humano, que les garantiza lo que necesitan para sobrevivir y prosperar.

Si no se ríen, lloran y se quejan o arrullan y se agarran a los labios, el pelo y los pechos de su madre. Observan cada uno de sus pasos por la casa como un patito sigue a su madre por la hierba.

Los bebés son sociales a la edad de tres meses, pero suelen guardar su mayor sonrisa para el cuidador más importante de su vida. Al denominar estos comportamientos como adaptativos, Bowlby señaló que eran innatos. El objetivo del bebé, decía, es permanecer cerca de la fuente principal de su supervivencia independiente.

El equipo descubrió que los polluelos y patitos recién nacidos crean un proceso único llamado impronta en el primer objeto en movimiento que ven. Al igual que estas aves, los recién nacidos humanos prefieren los objetos en movimiento y suelen recordar a sus madres a los pocos días de nacer. Sin embargo, la fijación completa de un bebé humano tarda al menos seis meses más que en otras especies de animales. Por suerte, los padres humanos no tienen ninguna holgura en el proceso de vinculación. Después de unos minutos con un recién nacido, las madres y los padres suelen decir que ya están enamorados.

. . .

El apego a un cuidador principal suele formarse hacia el sexto o séptimo mes de vida del bebé. Bowlby observó en otro arco de la etología que este plazo coincide con el inicio del gateo del bebé.

Esto sugería un vínculo entre el movimiento independiente y la finalización por parte del bebé del proceso de apego que comenzó en el nacimiento. Por ejemplo, un niño tarda mucho más en salir de su cuna que un polluelo en salir del huevo. Antes de que los niños puedan alejarse demasiado, el instinto se encarga de que sepan dónde encontrar la base de operaciones.

Los dos objetivos que compiten en los primeros años de un bebé son la seguridad y la exploración. Un niño que se mantiene seguro sobrevive; un niño que explora adquiere la inteligencia y las habilidades necesarias para crecer con éxito. Ambas necesidades suelen enfrentarse. Por ello, el equipo de investigadores y sus predecesores parten de la base de que el niño desarrolla un termostato interno para controlar su seguridad ambiental. Un timbre de alarma interno suena cuando se aleja demasiado de casa.

Es un fenómeno común que cuando un niño se aleja de su madre (ya sea andando o caminando, se girará para ver si su madre sigue cerca. Tal vez siga adelante si está donde la dejó. O puede que vuelva a la base antes de reiniciar su exploración. El proceso de vinculación por apego permite a los niños controlar su deseo de explorar o adherirse a esa persona al interiorizar lo que un científico llamó los modelos de trabajo de su cuidador. "Mamá va a ir allí si vas más lejos".

Un modelo podría ser: "Da demasiado miedo, no deberías ir demasiado lejos", así que los bebés se forman un modelo u otro basándose en el comportamiento de sus madres.

Unas sorprendentes fotos de unos monos muy tristes, incluso autodestructivos, convencieron a muchos de los escépticos del valor del vínculo madre-hijo entre animales y humanos en la década de 1950. Estas fotos proceden de la famosa serie de experimentos con monos Rhesus. Uno de ellos estaba hecho de alambre desnudo, y el otro estaba cubierto con una tela suave debajo del alambre.

Las crías de mono desarrollaron una conexión, pero sólo con los cables cubiertos de tela, no con el cable expuesto.

Curiosamente, ambos tipos de sustitutos suministraron comida a través de un biberón unido al cable. Esto demuestra a los científicos que la conexión entre el niño y su cuidador no se basa únicamente en el menú. Había otra cosa detrás del vínculo.

En los experimentos, las crías de mono solían aferrarse a las madres de alambre cubiertas de tela, de forma sorprendentemente similar a como se aferraban a una madre mono real. El experimento demostró de forma convincente que el ingrediente crítico en la formación del apego no es la comida, sino la comodidad del contacto.

Los hallazgos alteraron el psicoanálisis de cómo se forman los vínculos madre-hijo, haciendo que el contacto físico piel con piel fuera tan importante como la satisfacción oral del recién nacido durante la lactancia o el biberón de su madre. El estudio también se opuso a la posición de los teóricos de la conducta, que hacían hincapié en la comida en sí misma como el principal reforzador del comportamiento del bebé.

Los ensayos de Harlow con monos Rhesus revelaron poderosamente que se producen graves consecuencias adversas cuando un bebé humano en su primer año de vida es privado de un fuerte vínculo con su madre. Bowlby confirmó entonces esa hipótesis observando a los niños de los orfanatos después de la Primera Guerra Mundial.

. . .

Muchas de las enseñanzas extraídas de estos estudios se referían a los efectos adversos a largo plazo de esta privación en el bienestar emocional y físico de los monos. Para compensar la falta de la madre, estos monos se chupaban el cuerpo obsesivamente. Se quedaban en los rincones y se mecían con una mirada distante. Más tarde, se volvieron hostiles, agresivos y rara vez se aparearon con otros monos.

Experimentos posteriores con otros monos ayudaron a clarificar la importancia del tiempo en los patrones de apego humano entre madre e hijo.

Los monos que habían estado con sus madres durante al menos tres meses antes de ser separados presentaban menos anomalías de comportamiento que los que habían sido separados desde su nacimiento. A los seis meses de edad, los monos separados de sus madres no mostraban comportamientos negativos a largo plazo. Los investigadores descubrieron que el periodo de apego entre las madres y las crías de mono es crucial y dura seis meses. En los humanos, se calcula que este periodo crítico dura tres años, y cualquier privación es más perjudicial en el primer año de vida.

Incluso con los instintos de las madres y los bebés y el asombro de los padres, el apego no es un método directo que empieza y termina en la sala de maternidad. Es más bien una danza que empieza antes del nacimiento y dura el primer año de vida del bebé. Aunque la madre suele ser el objeto principal del apego de un bebé, también es probable que cualquier persona que le proporcione un apoyo constante y afectuoso -ya sea su padre, su abuelo o su padre adoptivo- tenga el mismo apego seguro con el bebé. Los factores que aumentan el apego seguro son:

- Un cuidador principal y habitual del bebé, en lugar de una serie de cuidadores irregulares durante los primeros seis meses del año.
- Rutinas de alimentación, sueño y estimulación sincronizadas con este cuidador, especialmente durante los primeros meses de vida del bebé.
- La sonrisa, el tacto y el amor constantes del cuidador principal.
- Se comportan sistemáticamente con soltura, calidez e integridad en respuesta a la angustia del bebé.

La capacidad de respuesta de un cuidador ante la angustia de un bebé es necesaria, pero un exceso es contraproducente. Las investigaciones demuestran que, cuando las madres súper atentas reaccionaban inmediatamente a los gritos e hipos de sus bebés, sus hijos se sentían menos seguros. La lección es que los niños responden mal a la asfixia.

. . .

Esto dificulta su libertad y obstaculiza el ciclo de aprendizaje del autocalentamiento.

La química del apego, la bioquímica que hay detrás del vínculo entre padres e hijos, es una perspectiva más del apego. Mediante escáneres cerebrales, niveles hormonales y pruebas de ritmo cardíaco, los investigadores pueden ver ahora los resultados bioquímicos cuando se produce un apego seguro y cuando no se lleva a cabo.

Las hormonas de una mujer la preparan para la concepción, y luego la obligan a amamantar y cuidar a un recién nacido. Sus circuitos cerebrales se reconfiguran durante el embarazo y sus sentidos se adaptan a las exigencias físicas y emocionales adicionales que supone el cuidado de un recién nacido.

Debido a sus instintos evolutivos en esta intensa preparación química para el nacimiento, centrará casi toda su atención y energía en esta pequeña persona hasta que su supervivencia esté asegurada.

La hormona oxitocina es esencial en todo el reino animal para el primer vínculo madre- hijo que se produce tras el nacimiento del bebé. Gran parte de los conocimientos sobre el papel de esta hormona en las relaciones humanas se basan en estudios sobre animales. Las ratas y las ovejas hembras (ovejas) cuidan incluso de las crías que nunca han visto antes con inyecciones de oxitocina.

Durante el parto, las contracciones uterinas de la madre hacen que el cerebro produzca una avalancha de neurotransmisores de oxitocina y dopamina. Los efectos analgésicos de estas hormonas se hacen necesarios después de que la mujer haya trabajado entre 6 y 36 horas. Cuando el bebé nace y se pone a mamar, estas hormonas producen un rastro de euforia a modo de subidón químico.

Está claro que una madre que ha adoptado a su bebé no debe tocarlo, ya que el tacto y el olor del bebé liberan oxitocina. Esto puede llevar a muchas madres a reconsiderar su decisión de tomar el camino de la adopción.

Durante el último mes de embarazo, la madre fabrica la hormona de la nutrición y la lactancia: la prolactina. Esta hormona desencadena la secreción de leche en sus pechos.

La oxitocina ayuda a que el líquido salga de los pechos de la mujer y a sensibilizar a la nueva madre al tacto de su hijo. Sí, el roce de la mano o el labio del bebé con el pecho de su madre activa la oxitocina. Durante la lactancia, la oxitocina aumenta, y la madre se siente feliz y cómoda, y el vínculo madre-bebé se profundiza.

Cuando un hombre se convierte en padre, la química de su cerebro también cambia. Poco después de escuchar la noticia de que va a ser padre, el hombre produce cortisol, una hormona del estrés. La cantidad de cortisol aumenta entre cuatro y seis semanas después de que el hombre se entere de la noticia y luego disminuye con el avance del embarazo. Así, unas tres semanas antes de la llegada del niño, su nivel de testosterona desciende aproximadamente un 30%, lo que le hace más cooperativo y menos competitivo.

3

Cómo El Apego Inseguro Afecta A Su Estilo De Amor

¿Eres una persona insegura? ¿Es tímido? ¿Teme la idea de estar delante de la gente o de hablar con alguien especial por miedo a ser rechazado? Todos nos hemos sentido así muchas veces a lo largo de nuestra vida. El miedo al rechazo y la ansiedad social son mucho más normales de lo que creemos. Se puede ver en el colegio cuando los compañeros no quieren pasar delante de la clase para hacer una presentación. Puedes verlo durante la adolescencia cuando tus amigos se esfuerzan por pedirle a alguien una cita. Incluso hacer una pregunta al profesor parece algo que quieren evitar a toda costa. Pero, ¿por qué? ¿De dónde viene la inseguridad?

Hay muchas razones por las que una persona puede ser insegura. El entorno en el que se ha criado desempeña un papel importante. Quizás esta persona nació en una familia en la que nunca se hizo hincapié en las habilidades sociales.

Los padres ponen mucho énfasis en los logros académicos, lo cual no es malo, pero a veces cometen el error de poner más énfasis en las habilidades académicas que en las sociales.

El niño crece creyendo que lo único que tiene que hacer es estudiar o cumplir las normas de la casa para ser completamente feliz. Esta idea se acentúa aún más cuando el niño es recompensado con regalos que sólo alimentan su deseo de estar en una burbuja.

Después de todo, ¿por qué tendría que salir si tiene todo lo que necesita para entretenerse mientras está supervisado por sus padres?

La sobreprotección parece ir de la mano de lo descrito. De nuevo, no es malo en absoluto proteger a las personas que quieres, pero ¿puede una persona proteger a alguien de todo daño de forma realista? El resultado va a ser el mismo. ¿Qué crees que pasará cuando el niño crezca y tenga que enfrentarse al mundo? ¿Crees que estará preparado para afrontar los problemas de la vida? ¿O crees que se estremecerá ante el primer problema?

. . .

¿Crees que seguirá intentándolo después de fracasar?

¿No crees que es más razonable creer que se ha acostumbrado tanto a la ayuda de sus padres que podría desear la ayuda de alguien? Será tan fácil para él apegarse a alguien que le ayude a navegar por la vida.

¿No fue así como lo educó su familia? Siempre le vigilaban y su objetivo era hacer feliz a otra persona, así que es natural que encuentre a una persona importante que le haga sentir que está de nuevo en casa.

Otro motivo de inseguridad es el hecho de que la sociedad enseña a las personas que es malo que hablen porque a nadie le importará lo que digan o por miedo a ser criticados o incluso perjudicados. Crecen en un entorno de miedo y aislamiento, que es el caldo de cultivo perfecto para la ansiedad. El ridículo continuo también es un factor. Burlados por sus diferencias físicas o culturales, estas personas crecen con la idea de que son inferiores y nada de lo que digan puede ser tomado realmente en serio.

. . .

En una relación, las personas pueden volverse inseguras si se han enfrentado recientemente al rechazo o incluso a la infidelidad. Se convencen de que no tienen ningún valor a los ojos de los demás, una idea que es muy perjudicial para la autoestima. Se preguntan cómo ha podido ocurrirles esto cuando todo parecía estar bien. Pero aquí hay otro problema subyacente: el perfeccionismo.

Las personas perfeccionistas quieren que sus amistades, sus objetivos académicos y sus relaciones estén a la altura de sus propios estándares irracionales. Piensan que, al hacerlo, alcanzarán una meta mayor y serán más felices, pero en realidad, se están preparando para el fracaso y el desamor.

Cuando las expectativas no se cumplen en una relación, se puede sufrir enormemente. "Creía que éramos perfectos, ¿por qué me pasa esto?" Es una frase que han pronunciado las personas con expectativas altas y poco realistas. Pensar que el amor y la compañía resolverán todos sus problemas es una idea hermosa, pero poco realista. Estas personas acabarán decepcionadas y podrían abandonar fácilmente cuando la relación se encuentre con problemas difíciles. El hecho de no poder encontrar la relación con la que siempre han soñado les hace preguntarse si alguna vez podrán ser amados, por lo que la inseguridad de encontrar a alguien con quien compartir los momentos de la vida se apodera de ellos.

. . .

Cómo la inseguridad socava una relación

Una relación es la unión de dos personas que aceptan de buen grado los defectos del otro y aprenden a soportar sus diferencias. Para algunos, esta definición de una relación puede sonar demasiado cursi, pero hay mucho que se puede encontrar en este dicho.

Aceptar los fallos del otro significa que comprendes que la otra persona es tan imperfecta como tú y que, por tanto, va a cometer muchos errores. Puede que haya momentos en los que sus palabras te hieran y te sientas, con razón, indignado o enfadado, pero ¿qué pasa con la aceptación de tus propios fallos? ¿Te resulta fácil ser modesto y admitir tus propios errores?

Las diferencias en la educación también pueden hacer que tanto tú como tu pareja tengáis estilos de comunicación diferentes: él puede ser alguien que prefiera discutir una discusión después de que se hayan calmado las aguas, mientras que tú puedes ser alguien que quiera abordar cualquier asunto que parezca amenazar la relación. Por lo tanto, encontrar un equilibrio es clave a la hora de abordar los problemas en una relación, tanto si se consideran problemas menores como si son graves.

. . .

La inseguridad se presta a las dudas e incertidumbres que se ven en la relación. Últimamente no tiene ganas de hablar mucho. "Debe ser algo que he hecho", es lo que te dices a ti misma, pero ¿y si ya te ha dicho que es porque se siente muy estresado y necesita un tiempo para sí mismo para sentirse recargado? ¿Admitirás con gusto que él también necesita tiempo para relajarse o seguirás adivinando por qué no tiene ganas de hablar contigo?

¿Te gusta dudar de las intenciones de tu pareja, por muy buenas que parezcan? ¿Crees que siempre intenta ocultarte algo? ¿Crees que ya no confía en ti? Es fácil dejarse consumir por estas ideas; al fin y al cabo, hay muchas cosas que no sabes sobre su día, y no sabes lo que está pensando.

Pero lo que hacen estas preguntas es fomentar más inseguridad en ti. Si te dejas caer en la trampa de que las respuestas a estas preguntas son dignas de escrutinio, entonces socavarás una de las bases de cualquier relación sana: la confianza. Si sólo has tratado con el tipo de persona que siempre se abre a ti y te lo cuenta todo, ¿cómo vas a poder tratar con una pareja que no es reservada, pero que prefiere guardarse algunas cosas?

. . .

En todas las relaciones siempre se agradece cierta medida de intimidad y respeto. Tu pareja te agradecerá que le muestres respeto y tú podrás ver que también necesitas algo de tiempo para ti mismo para crecer y desarrollarte como persona. Las relaciones fuera de la pareja también deben mantenerse para crear un entorno saludable en el que ambos se sepan respetados e interesados en el otro.

En el peor de los casos, una relación puede incluso destruirse si uno se convierte en un parásito por comprobar siempre las relaciones del otro y por pensar que no puede haber incertidumbres en su relación.

Es demasiado común ver cómo una relación se acaba sólo porque alguien no confía en su pareja y no respeta su derecho a tomar sus propias decisiones.

No es necesario que te conviertas en quien destruya la relación. Evitarlo es posible si aprendes a gestionar los comportamientos que te llevan a tener más inseguridad y celos.

Una manifestación de la inseguridad es estar demasiado apegado. No hay nada de malo en querer pasar tiempo con nuestra pareja; de hecho, sentirse unido a alguien y demostrarlo es vital si se quiere tener una relación sana y amorosa. Pero esto se convierte en un problema cuando se lleva al extremo. Estar demasiado apegado supone un peligro para la relación y hay que aprender a gestionarlo.

No estás en mejor posición si sientes que eres el que manda.

En una relación, ambos sufrirán. El que manda y examina cada movimiento sólo demuestra lo inseguro que se siente.

La verdad es que la relación no es sana.

Al igual que un jefe irrazonable nunca está satisfecho con las explicaciones de su empleado, el que exige una explicación constante a su pareja nunca estará tranquilo. Más bien, buscará excusas para no creerse ninguna explicación.

Una madre puede pensar que está protegiendo a su hijo manteniéndolo en una burbuja en la que está a salvo de amenazas, tentaciones y peligros. Pero el hijo tendrá que crecer y madurar. Tendrá que entender que la vida también es agradable fuera de la burbuja en la que se ha criado. Al estar demasiado apegado a su pareja, puede pensar que le está protegiendo de la tentación o el peligro, pero sólo está ahogando su disfrute de la vida.

Sólo estás haciendo que se pregunte qué se siente al estar fuera de tu relación. Al estar demasiado apegada, le estás dando más razones para terminar la relación.

Un preso puede tranquilizarse pensando en el día en que será liberado. No permitas que tu relación sea como una cárcel en la que tu pareja sólo encuentra consuelo cuando piensa en el día en que dejará la relación.

Puede sentirse abrumado y preocupado por lo que está sucediendo, pero le resulta difícil prestar atención a lo que realmente está ocurriendo. Cuando esto ocurre, su pareja puede sentir que usted no está presente.

Cuando está ansioso en su relación, puede resultarle difícil expresar sus verdaderos sentimientos. Si no expresas lo que realmente sientes o necesitas, la ansiedad se vuelve más intensa y tus emociones pueden quedar fuera de control si las sigues reprimiendo. Esto hace que te sientas abrumado y a la defensiva.

Las relaciones íntimas pueden reflejar lo mejor y lo peor de todos nosotros. Son espejos que pueden alimentar nuestras luchas o calmarlas. La ansiedad es un veneno que puede robar la alegría y la conexión entre dos personas que están unidas. Tal vez lleves un tiempo con tu pareja, pero luchas constantemente con la idea de que tu pareja no está a la altura de tus expectativas y no puede llenar ese vacío en tu corazón.

Tal vez también sospeche que usted es parte del problema.

Tal vez seas inseguro en el amor; te sientes terriblemente solo y deseas un compañero y un amante que te acompañe en la aventura y el viaje de la vida. Te preguntas constantemente si alguien estaría realmente a tu lado si bajaras la guardia y fueras tú mismo. ¿Sería capaz de encontrar consuelo, seguridad y apoyo en su vulnerabilidad? Te planteas estas cosas en cada oportunidad que se te presenta.

4

Apego Y Amistad

DEBERÍA ESTAR claro hasta qué punto nuestro estilo de apego puede afectar a nuestras relaciones románticas, junto con las relaciones con nuestros padres y/o hijos. Pero nuestro estilo de apego también puede tener un impacto significativo en nuestras amistades y redes sociales más amplias. Esto incluye nuestras interacciones con los amigos en persona, junto con nuestros comportamientos en las redes sociales como Facebook.

Amistad para personalidades con apego seguro

Las personas con un estilo de apego seguro tienen una mayor inteligencia emocional, lo que les permite comunicarse eficazmente con quienes les rodean. Pueden interpretar las señales verbales y no verbales, lo que les confiere una gran capacidad de empatía.

. . .

Por este motivo, las personas con estilos de apego seguro no tienen problemas para entablar y mantener amistades.

Hacen amigos y compañeros de confianza y prosperan en entornos de grupo.

Amistad para personalidades ansiosas y preocupadas

La necesidad desesperada de atención y validación del ansioso preocupado en las relaciones románticas también se manifiesta entre los amigos.

Las personas con un estilo de apego ansioso y preocupado a menudo sienten que están dando mucho más a sus amigos de lo que reciben. Como los que tenemos estas tendencias podemos ser emocionalmente expresivos, nos gusta mostrar a nuestros amigos lo mucho que significan para nosotros, y en ocasiones podemos exagerar. Los ansiosos preocupados suelen verse a sí mismos como menos valiosos que sus amigos y se comportan en consecuencia. Pero para los seguros que no ven a sus amigos como una persona menos importante que ellos, este comportamiento ansioso y preocupado puede ser difícil de entender. En consecuencia, los ansiosos preocupados suelen tener dificultades para establecer vínculos estrechos con sus amigos.

Si tienes este estilo de apego, es posible que te sientas atraído por amigos que también muestren tendencias de ansiedad y preocupación. Esto provocará una amistad en la que ambos se aseguran de que el otro sepa lo mucho que significan para ellos. Aunque esto puede funcionar, a menudo se caracteriza por la desesperación y la necesidad, y no conduce a la más sana de las relaciones.

Es poco probable que las personas con este estilo de apego mantengan amistades con tipos evitativos, ya que la necesidad ansiosa de atención probablemente aleje a la otra persona antes de que la amistad tenga tiempo de desarrollarse.

Amistad para personalidades evasivas

Aunque la forma en que los evasivos se relacionan con sus amigos es completamente opuesta a la de las personalidades ansiosas y preocupadas, el resultado es el mismo: la falta de amistades cercanas. Como hemos aprendido, los evasivos despectivos se precian de su independencia y de su creencia de que no necesitan a nadie más para prosperar.

Esto puede hacer que se muestren distantes y displicentes, algo que sus amigos seguros percibirán como frialdad, desinterés o incluso grosería.

Amistad para personalidades temerosas y evasivas

Aunque todos tenemos versiones de nosotros mismos que mostramos en público, las personalidades evasivas temerosas son expertas en presentar un personaje cuidadosamente cultivado o un falso yo cuando se muestran al mundo. Esta fachada es un mecanismo de defensa para evitar cualquier muestra espontánea de emoción y para mantener ocultos sus sentimientos más íntimos.

Las personas que se consideran amigas de una personalidad evasiva temerosa pueden verse a menudo sorprendidas y heridas cuando la angustia hace que la máscara del evasor temeroso se caiga. Sus amigos descubrirán entonces que la verdadera personalidad de la persona a la que se creían cercanos era poco más que una mentira.

. . .

Debido a este falso yo, el evitador temeroso a menudo tiene un grupo de amigos que se han sentido atraídos por su falsa personalidad y no tienen mucha idea de quiénes son realmente. Cuando su verdadero yo se revela en tiempos de crisis, pueden descubrir que no tienen a nadie que les comprenda de verdad -o quizás ni siquiera les guste- y, en consecuencia, no tienen a nadie en quien puedan confiar realmente.

No ser capaz de ser vulnerable con los amigos que son vulnerables con uno pone una tensión en la relación, haciendo que las amistades cercanas sean un desafío para los evitadores temerosos. Es importante que las personas con este tipo de apego reconozcan

que la verdadera intimidad y la amistad se basan en la lealtad y la honestidad. Fingir algo que no se es -aunque puede ser un mecanismo de defensa eficaz- le dejará con pocos amigos con los que pueda contar en momentos de dificultad.

Fuerza de la unión y multiplicidad

Investigadores de reconocidas universidades han determinado el papel de los estilos de apego en relación con nuestros grupos de amistad y redes sociales.

. . .

Su estudio examinó la fuerza de los vínculos y la multiplicidad dentro de las redes sociales de sus sujetos.

La fuerza de los lazos se refiere a lo estrechos que son los vínculos en su red; en otras palabras, lo cómodo que se siente uno al acudir a sus amigos en busca de cariño y apoyo en momentos de angustia emocional. También tiene en cuenta la frecuencia con la que los sujetos interactúan con los miembros de su red.

La multiplicidad se refiere a que los mismos miembros de la red de un sujeto desempeñan muchos papeles. Por ejemplo, una persona que es a la vez colega y compañero de un equipo deportivo tiene un alto nivel de multiplicidad. Del mismo modo, si un sujeto se siente lo suficientemente cercano a un colega como para acudir a él en busca de consejo y apoyo, también muestra un alto nivel de multiplicidad.

Dentro de un estilo evitativo…

El estudio muestra que las personas con estilos de apego evitativo tienen una fuerza de vinculación más débil con los miembros de su red social. Esto tiene sentido, dada la tendencia de los evitadores a rehuir el afecto. Del mismo modo, el comportamiento evitativo también conduce a una menor multiplicidad dentro de las amistades, lo que significa que el vínculo que un evitativo tiene con sus amigos y colegas es más débil y menos fiable. Es menos probable que mantengan los vínculos y es más probable que disuelvan sus amistades.

Dentro de un estilo de apego ansioso...

Los que tienen un estilo de apego ansioso y preocupado también son propensos a ver la disolución frecuente de los lazos de amistad.

Sin embargo, en su caso, es probable que sea instigada por sus contactos, en lugar de por ellos mismos. Como sabemos, las personas con un estilo de apego ansioso tienen una necesidad de atención y validación constantes. Este comportamiento puede ser asfixiante, lo que lleva a sus amigos y contactos a alejarse y disolver la amistad.

Tamaño de su red social

Se puede suponer que cuanto mayor sea la red de amistades de una persona -ya sea en línea o fuera de ella- más popular y segura será. Sin embargo, no siempre es así.

. . .

Piensa en el tamaño de tu propia red social. Si tienes cientos, o incluso miles, de conexiones en sitios como Facebook, piensa en la frecuencia con la que te conectas con la mayoría de las personas de esta red. Lo más probable es que no sea muy a menudo. El gran número de personas involucradas suele dificultar demasiado esta tarea. Del mismo modo, si tienes un amplio círculo de amigos en la vida real, es difícil mantener relaciones estrechas y significativas con todos ellos.

Los estudios lo corroboran, demostrando que cuanto mayor es la red de amistades, más débiles son los vínculos y la multiplicidad de esas conexiones.

¿Significa esto que debemos eliminar nuestras páginas de Facebook y reducir nuestro número de amigos? No necesariamente. Pero es importante reconocer que las conexiones con las redes sociales nunca pueden sustituir a las amistades de la vida real. Aunque puede ser más fácil cultivar amistades utilizando la seguridad de la pantalla del ordenador, salir al mundo real y enfrentarse a los retos que plantea tu estilo de apego es la única manera de construir amistades valiosas y duraderas.

¿Qué hace a un buen amigo?

. . .

Saber lo que buscamos en un amigo puede ayudarnos a construir amistades duraderas. Reduce el potencial de conflicto y drama y nos ayuda a gestionar cualquier problema que pueda surgir debido a nuestros problemas de apego.

En primer lugar, tómate un tiempo para determinar qué es lo que hace a un buen amigo, quizás sean aquellos que:

- Muestran un interés genuino en ti y en tu vida
- Siempre están ahí para ti en momentos de necesidad
- No te juzga, incluso cuando cometas errores
- Nunca hieren deliberadamente tus sentimientos
- Nunca te desaniman
- Disfrutas de su compañía
- Son leales y dignos de confianza
- Puedes reír y llorar con ellos
- Te dirán la verdad, incluso cuando sea difícil de escuchar
- Siempre escucharán

Pregúntate cómo te sientes cuando estás cerca de una persona en particular. ¿Pasar tiempo con ella te hace sentir mejor o peor? ¿Eres tú mismo cuando estás cerca de esa persona, o pones una fachada, incómodo con revelar tu verdadero yo? ¿Te trata esta persona con respeto? ¿Sientes que es una persona en la que puedes confiar? (por cierto, todas estas son excelentes preguntas para hacerse también al navegar por las primeras relaciones románticas).

Cómo ser un buen amigo

La mejor manera de mantener amistades duraderas es, por supuesto, ser un buen amigo. Piensa en las características que crees que hacen a un buen amigo y asegúrate de que las muestras en tus propias relaciones.

Estas son algunas de las formas en las que puedes trabajar para ser un buen amigo de tus seres queridos:

Escuchar: Si un amigo te cuenta sus problemas, asegúrate de escuchar activamente; concéntrate, haz lo posible por retener la información y ofrecer una respuesta bien pensada. Haz preguntas.

Haz lo posible por ver la situación desde el punto de vista de tu amigo. Si no tienes todas las respuestas, no te preocupes.

. . .

Lo más probable es que tu amigo no acuda a ti en busca de una solución a su problema. Sólo necesita un oído comprensivo en el que descargarse. Esto puede ser difícil de hacer si sufres un estilo de apego evitativo, que se caracteriza por la falta de empatía.

Pregunta qué puedes hacer para ayudar: Si tu amigo se enfrenta a una situación difícil, no esperes a que te pida ayuda. En su lugar, pregúntale activamente qué necesita y qué puedes hacer para ayudarle. Esto les llevará a corresponder cuando te encuentres en una situación difícil.

Mostrar afecto físico: Este puede ser otro enorme desafío para quienes tienen estilos de apego evitativo. Pero abrazar a tus amigos es una forma estupenda de demostrar que te importan, y el contacto físico aumenta el vínculo entre vosotros. Todos los seres humanos necesitan el contacto físico con los demás para sobrevivir.

Un acto tan sencillo como un abrazo puede evitar que tanto tú como tu amigo os sintáis solos.

Mantener el contacto: Mantener el contacto con nuestros amigos puede ser difícil, especialmente para los que tenemos grandes círculos de amistades y redes sociales, pero sacar tiempo de tu apretada agenda para conectar con un amigo es una gran manera de mantener la cercanía y la fuerza de la amistad. No hace falta que sea una larga llamada telefónica. Si tienes poco tiempo, envía un breve texto o un mensaje en las redes sociales para que tu amigo sepa que estás pensando en él.

Comparte tus sentimientos: Dile a tus amigos lo que significan para ti. Al igual que en las relaciones románticas, no se puede esperar que tus amigos sepan cómo te sientes si no se lo has dicho. Esto es especialmente cierto para los amigos con personalidades ansiosas y preocupadas. Este tipo de honestidad y franqueza contribuye en gran medida a crear amistades duraderas. Y para aquellos que se sientan incómodos abriéndose y compartiendo sus sentimientos, recuerden que cuanto más lo hagan, más fácil les resultará.

5

Citas Y Apego Inseguro

¿Te encuentras en un ciclo interminable de primeras citas incómodas y relaciones que se desvanecen antes de haber empezado? ¿Ves que surgen los mismos patrones de comportamiento en todas tus relaciones, tanto en tu propio comportamiento como en el de tu pareja? ¿Siempre sales con el mismo tipo de hombres o mujeres? ¿O bien sabotea constantemente las relaciones en el momento en que muestran algún tipo de promesa?

Si su respuesta a alguna de estas preguntas es afirmativa, es probable que se haya dado cuenta de que la culpa la tiene su estilo de apego. En función de nuestras propias tendencias, nos sentimos atraídos por personas que presentan características particulares, lo que explica por qué podemos acabar saliendo constantemente con personas con los mismos rasgos y comportamientos perjudiciales.

. . .

Entonces, ¿qué vamos a hacer? ¿Sentarse en casa frente al televisor todas las noches?

¿Resignarnos a una vida de soledad? En absoluto. Incluso para los que tenemos un estilo de apego inseguro, salir con alguien no tiene por qué ser una lucha. Todo se reduce a entendernos a nosotros mismos y, siempre que sea posible, a nuestras parejas.

A estas alturas, ya estás familiarizado con los rasgos de cada estilo de apego y los estilos de amor a los que dan lugar. Así que, cuando vuelvas a estar con tu pareja, o en una cita, utiliza esta información para determinar el estilo de apego y los rasgos correspondientes de tu pareja.

Veremos qué se puede esperar al salir con personas con cada estilo de apego amoroso. A continuación, analizaremos todas las combinaciones de estilos de apego y algunos de los retos a los que puede enfrentarse cada pareja, junto con métodos para gestionar los conflictos y trabajar para construir una relación sana y duradera.

La ansiedad es un verdadero reto y un trastorno de la salud mental, que puede dar lugar a muchos otros problemas si no se controla adecuadamente. Sin embargo, todo el mundo desarrolla ansiedad de vez en cuando, y solo se convierte en un problema si es grave.

La ansiedad puede afectar negativamente a tus relaciones, especialmente si pasas mucho tiempo preocupándote y pensando en todo lo que podría ir mal o ya ha ido mal en la relación cuando estás demasiado ansioso en una relación:

Estas son algunas de las preguntas que pueden pasar por su mente

- ¿Y si no me quieren tanto como yo a ellos?
- ¿Y si me están mintiendo?
- ¿Y si me engañan?
- ¿Y si en el futuro no soy lo suficientemente bueno para ellos?
- ¿Y si encuentran a otra persona más atractiva?
- ¿Y si su familia no me quiere?
- ¿Y si mueren?
- ¿Y si me abandonan?

Es normal tener algunos de estos pensamientos, especialmente en una nueva relación. Sin embargo, cuando pensamientos como éstos acuden a su mente con frecuencia, puede ser un signo de problemas de ansiedad o de un trastorno de ansiedad. La intensidad con la que rumia constantemente las preguntas mencionadas anteriormente y otras similares determina la gravedad de su problema de ansiedad. También determinará el grado de inseguridad que tienes en tu relación.

Estos pensamientos ansiosos se manifiestan de diversas maneras físicas y se presentan como síntomas tales como falta de aire, insomnio y ataques de ansiedad o pánico. Es posible que descubras que cada vez que piensas así, desencadenas un ataque de pánico en el que tu corazón puede latir rápidamente, se forma un bulto duro en el pecho y tiemblas por todo el cuerpo. Estos son los signos fisiológicos que indican que padeces un trastorno de ansiedad.

A veces, estos pensamientos ansiosos animan a tu pareja a comportarse de forma que te estresa aún más y tensa la relación. Esto se debe a que eres lo suficientemente transparente con tu pareja como para que pueda ver que eres muy inseguro. Esto les da una ventaja manipuladora sobre ti, para retorcer y dar vueltas a los acontecimientos de maneras que normalmente no deberían significar nada, pero que acabarán perjudicándote y confirmando una o dos de las creencias ansiosas que tienes.

. . .

Por ejemplo, digamos que te preocupa y te angustia ser el primero en iniciar una conversación todo el tiempo. Se te mete en la cabeza que no le gustas a tu pareja porque no da el primer paso en la comunicación tan a menudo como tú.

La ansiedad se acumula y cobra fuerza, y crees que nunca podrán charlar contigo o llamarte si no te acercas tú primero.

Para hacer frente a esta ansiedad, decides que es una buena idea dejar de hablar con ellos durante un tiempo. Esto obliga a tu pareja a comunicarse contigo, tendiéndote la mano unas cuantas veces hasta que te sientas tranquilo sabiendo que hará el esfuerzo. Esta prueba te permite desafiar tu creencia ansiosa e irracional de que no van a tender la mano primero. Sin embargo, ésta no es una estrategia saludable. Tratar la raíz de la ansiedad y recuperar la confianza en uno mismo es la mejor manera de superar el trastorno de ansiedad y de tener una vida libre y alegre.

Las relaciones íntimas son emocionalmente intensas. Esto se debe a la cercanía que se comparte con otra persona. Por desgracia, esa cercanía puede hacerte sentir impotente y provocar ansiedad e inseguridad. La ansiedad es el miedo a lo desconocido, mientras que la inseguridad es la duda y la ausencia de confianza en uno mismo. La mayoría de las veces, la inseguridad se convierte en ansiedad, si no se gestiona adecuadamente.

También es importante tener en cuenta que cuando te preocupas constantemente en tu relación, desarrollas una baja autoestima y, en última instancia, aparece la inseguridad. Ves las intenciones o acciones de tu pareja de forma negativa; ves a tu pareja como intimidante o crítica.

Algunos síntomas del trastorno de ansiedad intensa pueden ser:

- Una sensación permanente de inquietud
- Músculos tensos
- Dificultad para concentrarse o recordar
- Procrastinar o tener problemas para tomar decisiones
- Preocupación que lleva a pedir repetidamente que se le tranquilice
- Incapacidad para dormir y descansar lo suficiente

Dado que las relaciones son muy hermosas y placenteras, también pueden generar pensamientos y sentimientos de ansiedad. Estos pensamientos pueden surgir en cualquier etapa de la relación. Si aún no estás en una relación, la idea de conocer a la persona adecuada y estar en una relación ya puede generarte ansiedad, con la que debes lidiar.

La inseguridad grave te roba la paz y te impide relacionarte con tu pareja de forma relajada y auténtica. Las acciones derivadas de la inseguridad pueden incluir los celos, las falsas acusaciones, el fisgoneo, la falta de confianza y la búsqueda de seguridad y validación. Estos atributos no favorecen una relación sana y pueden alejar a tu pareja.

La mayoría de las personas creen que la inseguridad proviene de las acciones o la inacción de sus parejas. La mayor parte de la inseguridad proviene de tu interior.

La inseguridad se crea cuando te comparas negativamente con otras personas y te juzgas duramente con tu voz crítica interior. Muchas de las inseguridades en tu relación se basan en pensamientos irracionales y en el miedo a no ser lo suficientemente bueno y a no poder hacer feliz a otra persona.

Pero eso no es cierto.

. . .

Cuando notes esa sensación de inseguridad, algo que puedes hacer es hacer un balance de tu valor. La inseguridad hace que te centres en algo que crees que te falta. En la mayoría de las relaciones equilibradas, cada miembro de la pareja aporta diferentes puntos fuertes y cualidades que se complementan. Para vencer tu inseguridad, haz un balance del valor que ofreces a tu pareja. La personalidad y un carácter noble son cualidades importantes para la salud general de una relación.

Fortalecer tu autoestima también es crucial para superar cualquier inseguridad que tengas en tu relación. Es importante que te sientas bien con lo que eres por dentro para no buscar constantemente la validación de otra persona. Te sientes completo dentro de ti mismo y debes dejar que tu independencia y autoestima brillen a través de tus actos y acciones. Cuando tu bienestar depende de otra persona, le das la llave de tu alegría y le das poder, Esto puede ser bastante insalubre para tu pareja y ciertamente no funciona bien en una relación.

Una forma de aumentar la confianza en uno mismo es silenciar a tu crítico interior y centrar tu mente y tu atención en las cualidades positivas. Mírate en el espejo y hazte afirmaciones positivas: mirarte a los ojos cuando lo hagas tiene un mayor impacto que simplemente decirte a ti mismo en tu cabeza que eres digno de ser amado.

. . .

También debes ser capaz de mantener tu sentido de identidad propia y ser capaz de atender tu bienestar personal. Si antes de la relación hacías un gran trabajo atendiendo a tus necesidades físicas, mentales y emocionales, esto no debería dejar de hacerse sólo porque estés en una relación. Debes mantener tu independencia y no permitir que te conviertas en alguien necesitado o apegado. Ser una persona independiente que tiene una vida e identidad fuera de la relación también te convierte en una pareja más interesante y atractiva. Tu vida debe seguir avanzando y progresar considerablemente cuando estás en una relación.

Estar en una relación no es la última fase de tu vida, y debes seguir impulsándote y alcanzando más objetivos, lo que puede hacer que te encariñes aún más con tu pareja.

Algunas formas de mantener tu independencia son cultivar y alimentar grandes amistades, dedicar tiempo a tus propios amigos, intereses y aficiones, mantener la independencia financiera, mejorar constantemente y establecer altos estándares para tus sueños.

6

Cómo Encontrar A Tu Pareja

Es posible que lo hayas aprendido de tus amigos o compañeros de trabajo algunas veces. Hablan de lo bonita que es su relación. Es nueva y están entusiasmados. Algunos meses después, dicen cosas como: "No estoy segura de que sea el indicado para mí". No pueden poner el dedo en la llaga, pero para ellos, algo no funciona. Piensa en tu relación.

¿Es la persona adecuada para ti? ¿Cómo estás tú?

Una de las cuestiones más importantes a la hora de encontrar a alguien que te guste es la forma en que te tratan. ¿Son amables, atentos y respetuosos? ¿Mantienen la conversación a ras de suelo? Estas definiciones ya son sencillas. Aquí tienes algunas cosas que debes tener en cuenta cuando salgas con alguien para ver si encaja bien contigo:

En primer lugar, asegúrate de que tu relación es coherente con tus valores. La mayoría de las personas se ajustan a los ideales de la persona con la que salen. No conocen sus principios, así que intentan adaptarse a lo que se les da. Tómate un tiempo para considerar tus propias creencias. Cuando te gusta la diversión y hablas con alguien que es severo, la mayoría de las veces no coincidirá bien.

En segundo lugar, asegúrate de saber lo que quieres en una persona. Claro que quieres que sea atractiva y amable, pero ¿qué más quieres en un ser humano? ¿Su trabajo coincide con lo que quieres? Por ejemplo, conoces a una persona estupenda, salís juntos y las cosas van bien. Lo único es que siempre van a trabajar. Están fuera de la ciudad más a menudo que en la ciudad. ¿Es algo con lo que te sientes cómodo? Es esencial saber la respuesta. Si dices "estoy bien, pero no es mi sueño", entonces puede que tengas que explicar tus necesidades. Es posible que acabes criando a tus hijos con una pareja que se va a menudo si continúas la relación y acabas casado.

En tercer lugar, los intereses similares son significativos. Esto no significa que tengáis que estar unidos hasta la cadera, pero deberíais disfrutar de algunas actividades conjuntas. Si tenéis demasiados intereses, uno de los dos acabará sacrificando su felicidad. Piensa en el tiempo que quieres que invierta tu pareja. Si vas a estar con alguien la mayor parte del tiempo, tienes que disfrutar tú, y viceversa.

En cuarto lugar, entiende que no necesariamente todas las personas que conozcas son la persona con la que querrás casarte. Sólo porque alguien sea dulce y parezca perfecto para ti al principio, si luego descubres cosas que no se ajustan a tus estándares, no pasa nada por dejarla marchar y seguir adelante. Entiende que cada persona que conoces te da información valiosa. Es esencial entender que cada persona que conoces te da una imagen más clara de lo que quieres y no quieres.

Pero hay que entender que no se puede ser demasiado exigente. El paso anterior parece una contradicción, pero en realidad es un complemento. Nadie, ni siquiera tú, es perfecto. Puede que tengas muchas cualidades que quieres en una persona, y que tu pareja tenga la mayoría, pero no todas. Esto está bien. Encuentra aquellas cualidades que son más importantes para ti y mantenlas cerca de tu corazón.

· · ·

Todos estos pasos te ayudarán a decidir si ese compañero es el adecuado para ti. Te mereces la mejor amistad, y hay alguien para todos si estás dispuesto a hacer el trabajo interno que necesitas.

Construir relaciones sanas

Cupido, arco y flecha en mano, se utiliza a menudo como representación del amor mágico.

¿Qué puede ser más romántico que un giro del destino que te reúna con tu pareja para un final feliz? Puede que seas uno de esos románticos empedernidos que creen en las almas gemelas y en la persona elegida, o puede que creas en la creación de tu propio destino.

No importa realmente a cuál de las dos nociones te adhieras, porque a la hora de la verdad, todas las relaciones sanas requieren esfuerzo y la voluntad de crear la realidad que deseas. No hay nada malo en ser romántico o en creer que hay un alma gemela para todos. Sin embargo, debes trabajar para crear tu propia felicidad para siempre. La fase de luna de miel no dura para siempre y, una vez superada, necesitarás mucho más que el romanticismo para mantener una relación sana.

. . .

Las relaciones sanas y felices se basan en el compromiso y en encontrar la libertad en ese compromiso y conciencia. La mayoría de la gente piensa que el compromiso es la bola y la cadena que señala el fin de su libertad. En realidad, esta suposición es errónea. En una relación sana, el compromiso indica la libertad de ser uno mismo, la libertad de ser vulnerable y la libertad de ceder a los deseos más íntimos.

Si tu relación se siente como una bola y una cadena, entonces necesitas replantearte la realidad que has creado para ti.

Tener una relación debería hacerte sentir que has encontrado a la persona con la que quieres compartir tu vida. Esto debería liberarte de la ansiedad de salir constantemente con alguien o de intentar encontrar a alguien con quien puedas conectar. Por desgracia, la mayoría de la gente olvida esta realidad cuando se mete en una relación.

Irónicamente, en las relaciones, los que están dentro intentan salir y los que están fuera intentan entrar. Esto es especialmente común cuando te encuentras en una relación en la que te sientes atrapado o como si ya no fueras libre de ser tú mismo. Afortunadamente, crear una relación sana es una habilidad que puede aprenderse. No importa cuántas relaciones fallidas hayas tenido, no hay nada que se interponga en tu camino para tener una relación exitosa.

Cualquier relación que merezca la pena puede arreglarse si las dos partes que la componen están dispuestas a trabajar.

La parte de la conciencia de estar en una relación sana requiere que, independientemente de lo que esté pasando en tu relación, siempre trates de recordar por qué se juntaron.

Puedes quedarte tan atrapado en los problemas que experimentas que te olvidas de que la persona con la que estás luchando fue una vez la persona que considerabas la elegida.

Recuerda por qué te enamoraste en primer lugar y resuelve tus problemas. A veces es mejor reconstruir lo que tienes que seguir saltando de una relación a otra, esperando que la siguiente sea mejor.

Comunicación abierta

. . .

Si quieres tener una relación sana, la comunicación tiene que ser una de las primeras cosas que hagas bien. Por definición, la comunicación es la transferencia de información que permite a la otra persona saber lo que piensas o sientes.

En una relación, la comunicación va más allá de lo que sale de tu boca. Define la forma en que conectas con tu pareja y cómo os entendéis.

Si estás con alguien y no sabes lo que necesita o cómo se siente, ¿cómo es posible que esa relación funcione? La comunicación afecta a todos los aspectos de la relación, incluida la intimidad. Cuanto más conscientes seáis de las necesidades del otro, mejor podréis satisfacerlas.

Superar los celos

El monstruo de los ojos verdes puede destruir incluso las relaciones más sólidas. Rompe la confianza y crea tensión en la relación. Uno de los miembros de la pareja adopta un papel ofensivo mientras el otro se pone a la defensiva. En este tipo de dinámica, ambas partes se sienten miserables, y la relación se siente como una carga.

. . .

En la mayoría de los casos, los celos están más motivados por tus inseguridades que por las acciones o el comportamiento de tu pareja. Pueden llevar a las personas a tomar decisiones precipitadas que acaban causando más daño a la relación. Los celos se manifiestan en forma de ataques, venganzas e incluso agresiones.

En algún momento, todos experimentamos celos. A veces son válidos, mientras que en otras son el resultado de una imaginación hiperactiva y del miedo. Sea cual sea el caso, los celos se convierten en un problema cuando se cede a ellos. Aprender a gestionar tus emociones es una de las formas más eficaces de superar los celos y sus efectos en tu relación.

La conexión emocional bien hecha

¿Cómo evitar la codependencia y asegurarse de que su estilo de apego es positivo? Cuando tienes una relación, es posible que te apegues demasiado y te pierdas a ti mismo.

Esto ocurre cuando haces de la otra persona el centro de tu universo y descuidas tus propias necesidades. Este tipo de dependencia excesiva perjudica cualquier posibilidad de tener una relación sana.

. . .

Por otro lado, no quiere estar emocionalmente inaccesible.

Las personas que tienen miedo a las conexiones emocionales profundas se cierran y se distancian. Esto también hace que sea imposible tener una relación sana. El truco para una conexión emocional sana es encontrar la fina línea entre la dependencia excesiva y el desapego emocional. Esto sólo puede ocurrir si se cultiva una independencia sana y se mantiene una conexión emocional con la pareja.

Consejos para fomentar la confianza

Nunca hagas promesas que no puedas cumplir. Por mucho que quieras complacer a tu pareja, evita hacer promesas que no puedas cumplir. Si las rompes, su confianza en ti flaqueará.

Haz lo que dices cuando lo dices. No importa lo poco o insignificante que parezca, cumple tus compromisos.

Llama cuando digas que lo harás, preséntate cuando lo hayas prometido y mantén siempre tu palabra. A nadie le gusta una persona escamosa, y confiar en ella es casi imposible.

Deje de complacer a la gente. Ten clara tu postura para que tu pareja sepa lo que sientes y piensas. Aprenda a decir que no cuando no pueda cumplir un compromiso. Es mejor que decir que sí y luego no cumplirlo.

La honestidad es la mejor política. Sé sincero, nada mina la confianza más rápido que las mentiras. Sé sincero con tu pareja y dile la verdad, por muy difícil que sea.

Asume tus errores. Cuando uno está constantemente echando culpas y buscando chivos expiatorios, es difícil que alguien confíe en uno. Cuando tienes el valor de reconocer tus errores, le dices a la gente que no sólo eres honesto con ellos, sino que también eres honesto contigo mismo.

Sea coherente. No seas tan imprevisible que tu pareja no sepa lo que harías en determinadas situaciones. La gente confía más en ti cuando eres coherente en tu comportamiento y acciones. Les muestra que tienes ciertos valores con los que actúas.

7

Cómo Sentirse Bien Sin Una Relación

La historia de cada persona es diferente. Es posible que tú necesites una sola llamada de atención para ponerte en acción o que tu proceso de desenredado sea más gradual.

Una vez que te das cuenta de que eres codependiente, tu batalla está medio ganada. En el gran esquema de las cosas, no son las cicatrices de tu pasado las que te definen, sino las lecciones que eliges sacar de esas cicatrices. No te avergüences de tu pasado. Lleva tus experiencias con orgullo y como señal de lo lejos que has llegado.

Ningún viaje es completamente tranquilo y hay algunas verdades universales que te ayudarán a seguir adelante. Estas verdades son las herramientas que necesitas llevar para recordar hacia dónde vas, de qué te has liberado y qué necesitas para seguir adelante.

. . .

El truco para un cambio real y duradero es hacerlo en dosis pequeñas y manejables. No te abrumes con largas listas de cosas que tienes que hacer o dejar de hacer. Aprenda a priorizar y acometerlas una a una.

Autoaprendizaje

Si eres una persona que sigue el juego para conseguirlo, probablemente no te gusten los conflictos. Las personas que huyen de los conflictos o de tener que diferir con los demás prefieren limitarse a aceptar las opiniones de los demás, aunque no estén de acuerdo con ellas. Esto es especialmente cierto en el caso de los codependientes, que son complacientes por naturaleza.

Si tienes un problema de autoafirmación, a menudo te encontrarás resentido y enfadado y no tendrás ni idea de por qué ocurre eso. Cuando suprimes constantemente tus necesidades para acomodar y complacer a otras personas, eventualmente, la frustración de no tener tus necesidades satisfechas comenzará a mostrarse.

. . .

Esta frustración se manifestará en forma de arrebatos emocionales por cuestiones insignificantes, mal humor y sentimientos de resentimiento hacia tu pareja.

Ninguno de estos sentimientos es una receta para una buena relación, así que resulta que jugar para conseguirlo no funciona realmente a largo plazo.

Lo primero que tienes que entender es que hay un mundo de diferencia entre comprometerse e ignorar tus necesidades. En un compromiso, tú y tu pareja reconocéis las necesidades del otro y acordáis llegar a un acuerdo. El compromiso es una parte saludable de cualquier relación.

Sin embargo, cuando ignoras tus necesidades, significa que no has hecho que la otra parte sea consciente de tus necesidades y simplemente optas por centrarte en las suyas. Éste es el rasgo clásico de muchos codependientes que sienten la necesidad de acomodarse y de complacer a la gente.

La autoafirmación consiste en ser capaz de articular tus necesidades con claridad y hacer saber a la otra persona cómo te sientes. Ser asertivo forma parte de la comunicación abierta en una relación. Hace que tu pareja sepa lo que esperas de ella y también lo que puede esperar de ti.

Este tipo de comunicación es crucial para construir una mejor relación.

No puedes culpar a tu pareja por no satisfacer tus necesidades cuando ni siquiera le has comunicado cuáles son.

Esto significa que, a medida que te recuperas de la codependencia, la autoafirmación es una habilidad que debes desarrollar, que te ayuda a hacer las cosas, te hace ganar el respeto de la otra parte, facilita el compromiso y la resolución de conflictos, y te hace menos propenso a la ansiedad y el estrés.

Ser asertivo no sólo es mejor para tus relaciones, sino que también te da más confianza.

Ser tu propio mejor amigo

Recuperarse de la codependencia sólo es posible si se consigue establecer una autoestima sana y un sentido de la propia valía. Una persona con un bajo sentido de autoestima buscará naturalmente obtener su validación de las otras personas en su vida.

. . .

Esto fomenta los hábitos de codependencia, como la habilitación, el cuidado y muchos más. Si quieres escapar de la trampa de la codependencia, el primer lugar donde tienes que mirar es en tu interior. Una autoestima sana resolverá la mayoría de las inseguridades y los miedos que llevaron al desarrollo de la codependencia.

Miedos como el miedo al rechazo y el miedo al abandono son alimentados por la baja autoestima. Para luchar contra estos miedos, tienes que cultivar una sensación de seguridad que esté vinculada a tu propia autoestima y no a la de otras personas. Esto te liberará de la necesidad de buscar la validación y la aprobación de los demás.

Construir la autoestima es un trabajo interno que depende de tu capacidad para cambiar la opinión que tienes de ti mismo. Este cambio sólo es posible si aprendes a practicar la autoempatía y te conviertes en tu mejor animador.

Piensa en cómo tratas a tus amigos. Les felicitas, les compras regalos en su cumpleaños, les apoyas cuando te necesitan y les ayudas a celebrar sus victorias. Los defiendes de otras personas y te sientes protector de ellos. Esto es completamente natural y saludable para una buena relación.

. . .

He aquí algunos consejos sencillos que te ayudarán a practicar el amor propio y a ser tu mejor amigo:

Haz las cosas que te gustan

Dedica tiempo a tus pasiones y a las cosas que te hacen verdaderamente feliz. No te sientas culpable por querer dedicarte tiempo a algo que te gusta.

Deshacerse de la energía negativa

Libérate de las personas que siempre te arrastran y te roban la alegría. Sé selectivo en cuanto a las personas que permites entrar en tu círculo íntimo y en tu vida. Sé implacable a la hora de salvaguardar tu paz interior.

Centrarse en los aspectos positivos

No seas tu mayor crítico. Céntrate en las cosas que te gustan de ti mismo y acepta tus defectos como una parte normal de la naturaleza humana. Nadie es perfecto y centrarte constantemente en tus puntos débiles no hará más que minar tu confianza.

Cuida tu cuerpo

Debes mantenerte sano y activo. Un cuerpo sano aumenta la confianza y la autoestima. Sólo tienes un cuerpo en esta vida, así que cuídalo. Evita abusar de hábitos poco saludables que a la larga perjudican tu salud.

Manténgase fiel a sus valores

Mantén tus valores cerca del corazón y toma decisiones que estén en consonancia con tus valores fundamentales. Tus valores te ayudarán a tomar mejores decisiones y a evitar seguir las tendencias y las opiniones de otras personas solo para complacer a los demás.

Decir no a las relaciones tóxicas

Quizás uno de los aspectos más difíciles de las tendencias codependientes es la propensión a absorber la angustia de los demás. Cuando no tienes suficientes límites para salvaguardar tus emociones, acabas haciendo tuyos los problemas de los demás.

Esto te lleva efectivamente a una situación de codependencia en la que no puedes separarte de la otra persona.

Estas relaciones tóxicas sacan lo peor de ti porque la otra persona sabe exactamente qué botones apretar para que te pongas a tono. A menudo harás cosas que de otro modo nunca considerarías hacer sólo para mantener a la otra persona contenta. Esta disfunción, si no se controla, se convierte en un ciclo que se repite y se apodera de tu vida.

Las relaciones tóxicas te envenenan desde dentro. En casos extremos, pueden incluso llevarte a recurrir a mecanismos de afrontamiento, como las adicciones, para ayudarte a procesar tus problemas no resueltos. Este potencial para dañarse a sí mismo es una de las razones por las que liberarse de la codependencia requiere eliminar cualquier relación tóxica de tu vida. Ya sea que estés tratando con un narcisista que se nutre de la atención y de ser el centro del universo, o con manipuladores más encubiertos, el daño a tu autoestima es difícil de reparar. Las personas tóxicas tienen muchas formas y hay que identificarlas por sus características.

. . .

Estas son algunas de las señales de advertencia a las que debes estar atento si quieres identificar a las personas tóxicas y eliminarlas.

Ellos:

- Desplazan la culpa y no asumen nunca la responsabilidad de sus actos
- Son excesivamente críticos y siempre tratan de encontrar fallos
- Utilizan las amenazas y la intimidación para manipularte
- Intentan ganarse la simpatía jugando con sus emociones
- Siempre se están quejando

Tal vez la relación más tóxica para un codependiente sea la que mantiene con un narcisista. Los narcisistas no tienen ninguna consideración ni interés en los sentimientos o necesidades de los demás. Cuando se trata de empatía y compasión, el narcisista es el polo opuesto al codependiente.

Estos son los signos clásicos que apuntan a una personalidad narcisista. Ellos:

- carecen de empatía y nunca intentan satisfacer tus necesidades manipularte para conseguir lo que quieren
- esperan que atiendas todas sus necesidades y caprichos sin rechistar exigen tener lo mejor de todo
- te hacen sentir constantemente inferior
- tienen necesidad compulsiva de ser el centro de atención

Saber qué muros construir

Cuando uno piensa en muros, inmediatamente piensa en protección y en salvaguardar algo. Eso es exactamente lo que hacen los muros también en tu vida emocional.

Mantienen lo bueno dentro y te protegen de lo negativo. Por eso es necesario construir muros alrededor de las cosas que necesitas mantener protegidas.

Tus valores, tu autoestima, tus intereses y tus objetivos son algunas de las cosas que necesitas proteger a toda costa.

. . .

Cuando estás en un estado de codependencia, estas partes de ti se pierden en la relación, ya que pones toda tu energía en satisfacer las necesidades de la otra persona. En este caso, te pierdes en la relación y careces de cualquier sentido de autoestima o individualidad.

Para evitar caer en esta trampa, los muros te ayudan a crear límites para ti y para las personas de tu vida. Estos muros te dicen a ti mismo y a las personas de tu vida que estas son cosas en las que no voy a transigir. Mantener tus valores, pasiones e intereses es importante en el viaje de recuperación de la codependencia.

Consejos para establecer mejores límites

Identifica tus límites

Identifica lo que quieres proteger y dónde están esencialmente tus límites. Decide en qué vas a transigir y qué es lo que rompe el trato para ti.

Puedes basar estas decisiones en tus valores y en las cosas que son importantes para ti.

. . .

Sea asertivo

Comunica tus límites con claridad y haz saber a la otra persona lo que esperas de ella y lo que puede esperar de ti.

De este modo, ambas partes son plenamente conscientes de lo que se traen entre manos y están totalmente preparadas para ello.

Cultivar la conciencia de sí mismo

La única manera de establecer buenos límites es entenderse primero a sí mismo. Cuando aprecies cuáles son tus necesidades, podrás establecer límites razonables que te ayuden a satisfacerlas.

Considere sus problemas no resueltos

Sólo tú puedes saber dónde están tus desencadenantes y debilidades. Establece límites que te ayuden a lidiar con estas debilidades y te faciliten escapar de las trampas que te hicieron codependiente en primer lugar.

Priorice sus necesidades

. . .

Los límites deben servir para garantizar que, sea cual sea la relación en la que te metas, se satisfagan tus necesidades.

Esto significa que tu principal consideración a la hora de establecer límites deben ser tus necesidades y lo que quieres de la relación.

8

Mitos Del Amor

El amor nunca hiere a nadie. Y si sientes que has sido herido por el amor, es otra cosa en ti, no tu cualidad amorosa, la que se siente herida. A menos que veas esto, seguirás moviéndote en los mismos círculos una y otra vez.

Lo que llamas amor puede esconder muchas cosas no amorosas en ti; la mente humana ha sido muy inteligente, astuta, para engañar a los demás y para engañarse a sí misma también. La mente pone etiquetas bonitas a las cosas feas, intenta cubrir tus heridas con flores. Esta es una de las primeras cosas en las que tienes que profundizar, si quieres entender lo que es el amor.

El "amor", tal y como la gente utiliza habitualmente la palabra, no es amor; es lujuria.

. . .

Y la lujuria está destinada a causar daño, porque desear a alguien como objeto es ofender a esa persona. Es un insulto, es violento. Cuando te mueves con lujuria hacia alguien, ¿Cuánto tiempo puedes fingir que es amor? Algo que es superficial parecerá amor, pero rasca un poco y detrás se esconde pura lujuria. La lujuria es animal. Mirar a alguien con lujuria es insultar, humillar, es reducir a la otra persona a una cosa, a una mercancía. A ninguna persona le gusta que la utilicen; eso es lo más feo que se le puede hacer a alguien. Ninguna persona es una mercancía, ninguna persona es un medio para ningún fin.

Esta es la diferencia entre la lujuria y el amor. La lujuria utiliza a la otra persona para satisfacer algunos de tus deseos. El otro sólo es utilizado, y cuando el uso es completo puedes tirar a la otra persona. No tiene más utilidad para ti; su función está cumplida. Este es el acto más inmoral que existe, utilizar al otro como medio.

El amor es justo lo contrario: respetar al otro como un fin en sí mismo. Cuando amas a alguien como un fin en sí mismo, entonces no hay sentimiento de dolor; te enriqueces con ello. El amor enriquece a todos.

. . .

En segundo lugar, el amor sólo puede ser verdadero si no hay un ego escondido detrás de él; de lo contrario, el amor se convierte sólo en un viaje del ego. Es una forma sutil de dominar.

Y hay que ser muy consciente porque este deseo de dominar está muy arraigado. Nunca viene desnudo; siempre viene escondido bajo hermosas vestimentas, decorado.

Los padres nunca dicen que sus hijos son sus posesiones, nunca dicen que quieren dominar a los niños, pero en realidad eso es lo que hacen. Dicen que quieren ayudar, dicen que quieren que sean inteligentes, que estén sanos, que sean dichosos, pero -y ese "pero" es un gran pero- tiene que ser según sus ideas. Incluso la felicidad de sus hijos tiene que ser decidida por las ideas de los padres; los hijos tienen que ser felices según las expectativas de los padres.

Los niños tienen que ser inteligentes, pero al mismo tiempo también obedientes. ¡Esto es pedir lo imposible! La persona inteligente no puede ser obediente; la persona obediente tiene que perder parte de su inteligencia. La inteligencia sólo puede decir que sí cuando se siente profundamente de acuerdo contigo. No puede decir que sí sólo porque seas más grande, más poderoso, con más autoridad: un padre, una madre, un sacerdote, un político. No puede decir que sí sólo por la autoridad que llevas contigo. La inteligencia es rebelde, y a ningún padre le gustaría que sus hijos fueran rebeldes. La rebeldía irá en contra de su deseo oculto de dominar.

Los maridos dicen que aman a sus esposas, pero sólo es dominación.

Son tan celosos, tan posesivos, ¿cómo pueden ser amorosos? Las esposas siguen diciendo que aman a sus maridos, pero veinticuatro horas al día están creando un infierno; de todas las maneras posibles están reduciendo al marido a algo feo. El marido dominante es un fenómeno feo. Y el problema es que primero la mujer reduce al marido a un marido calzonazos y luego pierde el interés en él, porque ¿quién puede seguir interesado en un marido calzonazos?

Parece que no vale nada; no parece ser lo suficientemente hombre.

Primero el marido intenta que la mujer sea sólo su posesión, y una vez que ella es una posesión él pierde el interés. Hay una lógica oculta en ello: todo su interés era poseer; ahora eso ha terminado, y le gustaría probar con alguna otra mujer para poder volver a hacer otro viaje de posesión.

. . .

Ten cuidado con estos números del ego. Entonces saldrás perjudicado, porque la persona a la que intentas poseer está destinada a rebelarse de un modo u otro, está destinada a sabotear tus trucos, tus estrategias, porque nadie ama nada más que la libertad. Incluso el amor es secundario a la libertad; la libertad es el valor más alto. El amor puede ser sacrificado por la libertad, pero la libertad no puede ser sacrificada por el amor.

Y eso es lo que hemos hecho durante siglos, sacrificar la libertad por el amor. Entonces hay antagonismo, conflicto, y se aprovecha cualquier oportunidad para herir al otro.

El amor, en su forma más pura, es compartir la alegría. No pide nada a cambio, no espera nada; por lo tanto, ¿cómo puede sentirse herido? Cuando no esperas nada, no hay posibilidad de ser herido. Entonces todo lo que viene es bueno, y si no viene nada, también es bueno. Tu alegría era dar, no recibir. Entonces uno puede amar a miles de kilómetros de distancia; ni siquiera es necesario estar físicamente presente.

El amor es un fenómeno espiritual; la lujuria es física. El ego es psicológico; el amor es espiritual. Tendrás que aprender el mismísimo alfabeto del amor. Tendrás que empezar desde el principio, desde cero; de lo contrario, serás herido una y otra vez. Y recuerda, sólo tú puedes ayudarte a ti mismo; nadie más es responsable.

El miedo nunca es amor, y el amor nunca tiene miedo. No hay nada que perder para el amor. ¿Por qué debería el amor tener miedo? El amor sólo da. No es una transacción comercial, por lo que no es cuestión de pérdida o beneficio. El amor disfruta dando, igual que las flores disfrutan liberando su fragancia. ¿Por qué deberían tener miedo? ¿Por qué deberían tener miedo?

Recuerda que el miedo y el amor nunca existen juntos; no pueden. No hay coexistencia posible. El miedo es justo lo contrario del amor.

La gente suele pensar que el odio es lo contrario del amor.

Eso es erróneo, absolutamente erróneo. El miedo es lo opuesto al amor. El odio es el amor parado de cabeza; es un parado de cabeza pero no es opuesto al amor. La persona que odia simplemente muestra que en algún lugar, todavía ama. El amor se ha agriado, pero sigue ahí. El miedo es el verdadero opuesto. El miedo significa que ahora toda la energía del amor ha desaparecido.

. . .

El amor es extrovertido, llega sin miedo al otro, confía tremendamente en que será recibido, y siempre es recibido. El miedo es encogerse dentro de uno mismo, cerrarse, cerrar todas las puertas, todas las ventanas para que no te llegue ni el sol, ni el viento, ni la lluvia, tienes mucho miedo.

Estás entrando vivo en tu tumba.

El miedo es una tumba, el amor es un templo. En el amor, la vida llega a su máxima expresión. En el miedo, la vida cae al nivel de la muerte. El miedo apesta, el amor es fragante.

¿Por qué deberías tener miedo?

Tengan miedo de su ego, tengan miedo de su lujuria, tengan miedo de su codicia, tengan miedo de su posesividad; tengan miedo de sus celos; pero no hay que tener miedo del amor. El amor es divino. El amor es como la luz. Cuando hay luz, la oscuridad no puede existir. Cuando hay amor, el miedo no puede existir.

. . .

El amor puede hacer de tu vida una gran fiesta, pero sólo el amor, no la lujuria, no el ego, no la posesividad, no los celos, no la dependencia.

El crecimiento es doloroso porque has estado evitando mil y un dolores en tu vida. Al evitarlos no puedes destruirlos, se van acumulando. Sigues tragando tus dolores y permanecen en tu sistema.

Por eso el crecimiento es doloroso: cuando empiezas a crecer, cuando decides crecer, tienes que enfrentarte a todos los dolores que has reprimido. No puedes pasarlos por alto.

Has sido educado de forma equivocada. Desgraciadamente, hasta ahora no ha existido una sola sociedad en la tierra que no haya reprimido el dolor. Todas las sociedades dependen de la represión.

Reprimen dos cosas: una es el dolor y otra el placer. Y reprimen el placer también por el dolor. Su razonamiento es que si no eres demasiado feliz nunca serás demasiado infeliz; si se destruye la gran alegría nunca tendrás un dolor profundo. Para evitar el dolor, evitan el placer. Para evitar la muerte, evitan la vida.

. . .

Y la lógica tiene algo que ver. Ambos crecen juntos; si quieres tener una vida de éxtasis tendrás que aceptar muchas agonías. Si quieres las cumbres del Himalaya, también tendrás los valles. Pero los valles no tienen nada de malo, sólo que tu enfoque tiene que ser diferente. Puedes disfrutar de ambos: la cima es hermosa, pero también lo es el valle. Y hay momentos en los que hay que disfrutar de la cima y hay momentos en los que hay que relajarse en el valle.

La cima está iluminada por el sol, dialoga con el cielo. El valle es oscuro, pero siempre que quieras relajarte tendrás que adentrarte en la oscuridad del valle. Si quieres tener cumbres tendrás que echar raíces en el valle: cuanto más profundas sean tus raíces, más alto crecerá tu árbol. El árbol no puede crecer sin raíces y las raíces tienen que adentrarse en la tierra.

El dolor y el placer son partes intrínsecas de la vida.

La gente tiene tanto miedo al dolor que lo reprime, evita cualquier situación que le produzca dolor, sigue esquivando el dolor. Y finalmente tropiezan con el hecho de que si realmente quieres evitar el dolor tendrás que evitar también el placer. Por eso tus monjes evitan el placer: le tienen miedo.

· · ·

De hecho, simplemente evitan toda posibilidad de dolor. Saben que si evitas el placer, entonces, naturalmente, el gran dolor no es posible; viene sólo como una sombra del placer.

Entonces caminas por el terreno llano; nunca te mueves por las cumbres y nunca caes en los valles. Pero entonces eres parte de los muertos vivientes, entonces no estás vivo.

La vida existe entre esta polaridad. Esta tensión entre el dolor y el placer te hace capaz de crear una gran música; la música sólo existe en esta tensión. Destruye la polaridad y serás aburrido, serás rancio, serás polvoriento.

No tendrás ningún sentido y nunca sabrás lo que es el esplendor. Habrás perdido la vida. Quien quiera conocer la vida y vivirla tiene que aceptar y abrazar la muerte. Se unen, son dos aspectos de un mismo fenómeno.

Por eso el crecimiento es doloroso. Tienes que entrar en todos esos dolores que has estado evitando. Duele.
    Tienes que atravesar todas esas heridas que de alguna manera has conseguido no mirar.

. . .

Pero cuanto más profundices en el dolor, más profunda será tu capacidad de entrar en el placer. Si puedes adentrarte en el dolor hasta el límite, serás capaz de tocar el cielo.

Crecer es enfrentarse a la realidad, encontrarse con el hecho, sea cual sea. Y permíteme repetirlo: el dolor es simplemente dolor; no hay sufrimiento en él. El sufrimiento proviene de tu deseo de que el dolor no debería estar ahí, de que hay algo malo en el dolor.

Observa, sé testigo, y te sorprenderás. Tienes un dolor de cabeza: el dolor está ahí, pero el sufrimiento no está ahí. El sufrimiento es un fenómeno secundario, el dolor es primario. El dolor de cabeza está ahí, el dolor está ahí; es simplemente un hecho. No hay que juzgarlo. No lo llamas bueno o malo, no le das ningún valor; es sólo un hecho.

La rosa es un hecho, la espina también. El día es un hecho, la noche también. La cabeza es un hecho, también lo es el dolor de cabeza. Simplemente toma nota de ello.

Y en el momento en que dices: "No debería ser", has empezado a evitarlo, has empezado a apartarte de él.
Te gustaría estar ocupado en algo para poder olvidarlo.

. . .

Pones la radio o la televisión, o vas al club, o te pones a leer.

Te distraes, te distraes. Ahora ese dolor no ha sido presenciado; simplemente te has distraído. Ese dolor será absorbido por tu sistema.

Que se comprenda muy profundamente esta clave: si puedes presenciar tu dolor de cabeza sin tomar ninguna actitud antagónica, sin evitarlo, sin escapar de él; si puedes simplemente estar ahí, meditativamente ahí - "Dolor de cabeza, dolor de cabeza"- si puedes simplemente verlo, el dolor de cabeza se irá a su tiempo. No estoy diciendo que se vaya a ir milagrosamente, que sólo con que lo veas se irá. Se irá a su tiempo. Pero no será absorbido por tu sistema, no envenenará tu sistema. Estará ahí, tomarás nota de ello, y se irá. Se liberará.

Cuando eres testigo de una cosa determinada en ti mismo, no puede entrar en tu sistema. Siempre entra cuando la evitas, cuando escapas de ella. Cuando estás ausente, entonces entra en tu sistema. Sólo cuando estás ausente, un dolor puede formar parte de tu ser; si estás presente, tu propia presencia impide que forme parte de tu ser.

. . .

Y si puedes ir tomando nota de tus dolores no los irás acumulando. No te han enseñado la pista correcta, así que sigues evitando. Entonces acumulas mucho dolor, tienes miedo de enfrentarlo, tienes miedo de aceptarlo. El crecimiento se vuelve doloroso; se debe al condicionamiento incorrecto. De lo contrario, el crecimiento no es doloroso, el crecimiento es totalmente placentero.

Cuando el árbol crece y se hace más grande, ¿crees que hay dolor? No hay dolor. Incluso cuando un niño nace, si la madre lo acepta no habrá dolor. Pero la madre lo rechaza; la madre tiene miedo. Se pone tensa, intenta retener al niño dentro, lo que no es posible. El niño está listo para salir al mundo, el niño está listo para dejar a la madre. Está maduro, el útero ya no puede contenerlo. Si el útero lo contiene por más tiempo, la madre morirá y el niño también. Pero la madre tiene miedo. Ha oído que es muy doloroso dar a luz a un niño -dolores de parto, dolor de nacimiento- y tiene miedo. Y por miedo se pone tensa y se cierra.

Para otros -y en las sociedades primitivas esa gente todavía existe- el parto es muy sencillo, sin ningún dolor. Por el contrario, te sorprenderás, el mayor éxtasis le sucede a la mujer en el parto: no es dolor, no es agonía en absoluto, sino el mayor éxtasis. Ningún orgasmo sexual es tan satisfactorio y tan tremendo como el que le sucede a la mujer cuando da a luz a un niño de forma natural.

Todo el mecanismo sexual de la mujer palpita como no puede palpitar en ninguna relación amorosa. El niño sale del núcleo más profundo de la mujer. Ningún hombre puede penetrar en la mujer hasta ese núcleo. Y la pulsación surge desde el interior. La pulsación es una necesidad; esa pulsación vendrá como olas, grandes mareas de alegría. Sólo eso ayudará a que el niño salga, sólo eso ayudará a que el pasaje se abra para el niño. Entonces habrá una gran pulsación y todo el ser sexual de la mujer tendrá una tremenda alegría.

Pero lo que realmente le ha ocurrido a la humanidad es justo lo contrario: la mujer llega a sentir la mayor agonía de su vida. Y esto es una creación de la mente, es una crianza equivocada. El nacimiento físico puede ser natural si lo aceptas, y así es con tu nacimiento como ser amoroso.

Crecer significa que estás naciendo cada día. El nacimiento no termina el día en que naciste; ese día simplemente comienza, es sólo un comienzo. El día que saliste del vientre de tu madre no habías nacido, simplemente *empezaste a nacer*; ese fue sólo el comienzo. Y una persona sigue naciendo hasta que muere. No es que nazcas en un solo momento. Tu proceso de nacimiento continúa durante setenta, ochenta, noventa años, sea cual sea el tiempo que vivas. Es un proceso continuo.

Y cada día sentirás la alegría: crecerán nuevas hojas, nuevo follaje, nuevas flores, nuevas ramas, te elevarás más y más y tocarás nuevas altitudes. Te harás más profundo, más alto; alcanzarás cimas. El crecimiento no será doloroso.

Pero el crecimiento es doloroso: es por tu culpa, por tu condicionamiento erróneo. Te han enseñado a no crecer; te han enseñado a permanecer estático, te han enseñado a aferrarte a lo familiar y a lo conocido. Por eso cada vez que lo conocido desaparece de tus manos te pones a llorar. Se ha roto un juguete, se ha quitado un chupete.

Recuerda que sólo una cosa te va a ayudar, y es la conciencia, nada más. El crecimiento seguirá siendo doloroso si no aceptas la vida y el amor en todos sus altibajos.

Hay que aceptar el verano y también el invierno.

Esto es lo que yo llamo meditación. La meditación es cuando te vacías de todo lo que es viejo y contado y hecho hasta la muerte. Entonces ves. O mejor dicho, entonces se ve, el nacimiento de lo nuevo. Pero tendrás que pasar por muchos dolores, muchas agonías.

Esto se debe a que has vivido en una determinada sociedad, en una determinada cultura: hindú, mahometana, cristiana, india, alemana, japonesa. Son diferentes formas de evitar el dolor y nada más.

Has formado parte de una cultura, por eso el crecimiento es doloroso, porque la cultura intenta que no crezcas; quiere que sigas siendo juvenil. No te permite moverte psicológicamente como te mueves fisiológicamente.

Ahora vean: la tierra es una, y el hombre sigue dividido.

Todos los problemas de la humanidad pueden resolverse si las naciones desaparecen. No hay ningún problema, en realidad no hay ningún problema; el problema básico es creado por las fronteras de las naciones. Ahora existe la tecnología que puede alimentar a toda la gente del mundo, no hay necesidad de pasar hambre. Pero eso no es posible, porque esas fronteras no lo permiten.

. . .

Una persona adulta será capaz de ver todas estas tonterías, una persona adulta será capaz de verlas de cabo a rabo.

Una persona adulta no puede ser reducida a una esclava.

La exposición comienza: "Mi novia me ha dicho que soy un poco aburrido". Tu novia es muy compasiva, porque cada hombre finalmente se vuelve *muy* aburrido, no "un poco" aburrido. ¿Te das cuenta del hecho de que lo que llamas amor es una repetición, la misma estúpida gimnasia una y otra vez?

Y en todo este estúpido juego el hombre es el perdedor. Él está disipando su energía, transpirando, resoplando, resoplando, y la chica mantiene los ojos cerrados, pensando: "Es cuestión sólo de dos o tres minutos y esta pesadilla habrá terminado".

La gente es tan poco inventiva que da por hecho que pasar por el mismo acto una y otra vez les hace más interesantes. Por eso digo que tu novia es muy compasiva; sólo te ha dicho que eres un *poco aburrido*. Yo te digo que eres totalmente aburrido.

No debes tomarlo como un insulto personal. Tu novia te está diciendo algo realmente sincero y honesto. ¿Le has dado alegría orgásmica? ¿O sólo la has utilizado para desechar tu energía sexual? ¿La has reducido a una mercancía? Ella ha sido condicionada a aceptarlo, pero esta mera "aceptación" no puede ser alegre.

Hacéis el amor en la misma cama donde os peleáis todos los días. De hecho, las peleas son el preámbulo: se tiran almohadas, se gritan, discuten por todo y luego, cansados, hay que negociar. Tu amor es sólo una negociación. Si eres un hombre de sensibilidad estética, tu recámara de amor debería ser un lugar sagrado, porque es en esa cámara de amor donde nace la vida. Debe tener hermosas flores, incienso, fragancia; debes entrar en ella con profundo respeto.

Y el amor no debería ser sólo una cosa abrupta en la que simplemente se agarra a la mujer. Este asunto de golpe y fuga no es amor. El amor debería tener un prefacio de música hermosa, de bailar juntos, de meditar juntos. Y no debería ser algo mental, que todo el tiempo estés pensando en cómo hacer el amor con ella y luego irte a dormir.

Debería ser una implicación más profunda de todo tu ser, no proyectada por la mente, sino que venga espontáneamente.

Una música hermosa, una fragancia, estáis bailando de la mano, os habéis convertido de nuevo en niños pequeños jugando con flores. Si espontáneamente, hacer el amor ocurre en esta atmósfera sagrada, tendrá una calidad diferente.

En segundo lugar, el hombre debe permanecer en silencio, inactivo, para que su orgasmo no termine en dos minutos. Si te quedas en silencio y dejas que la mujer se vuelva loca encima de tu pecho le dará un buen ejercicio y la llevará a una explosión de energía orgásmica. Se necesita tiempo para que todo su cuerpo se caliente, y si eres demasiado activo no hay tiempo. Os encontráis, pero el encuentro no es de belleza, de amor, sino simplemente utilitario.

Prueba con tu novia lo que te digo. Sé tú el compañero inactivo y deja que ella sea la compañera activa.

Deja que se desinhiba. Ella no tiene que comportarse como una dama, tiene que comportarse como una auténtica mujer. La "dama" sólo la crean los hombres; la mujer la crea la existencia. Y tú tienes que llenar el vacío entre sus orgasmos. La brecha puede ser llenada de una sola manera, que usted permanezca muy inactivo, en silencio, y disfrute de ella volviéndose loca. Y ella tendrá múltiples orgasmos. Debes terminar el juego con tu orgasmo, pero no debes empezar con él.

. . .

Entonces tu novia no te llamará un poco aburrido. Serás un tipo realmente interesante y maravilloso que se comporta como una dama. Y mantén los ojos cerrados para que ella no se sienta inhibida por tus ojos. Para que ella pueda hacer cualquier cosa: mover sus manos, su cuerpo, gemir, gritar. A ti no se te permite estar vivo, simplemente permanece en silencio. Entonces ella se enfadará contigo. Ahora mismo debes estar comportándote estúpidamente, como la mayoría de los hombres del mundo.

Tu novia te está dando un buen consejo y tú, en tu estupidez, piensas que te está condenando. Cuando ella dice: "Eres dependiente y una víctima", puedo ver incluso a través de tu pregunta que tiene razón. Eres una víctima, como lo es todo ser humano, una víctima de ideologías estúpidas, que han creado extraños sentimientos de culpa y no te permiten ser juguetón. Aunque hagas el amor, sabes que estás cometiendo un pecado y que el infierno no está lejos.

Mientras haces el amor, conviértelo en un proceso de meditación. Toda tu presencia tiene que estar ahí, bañando a la mujer que amas. La mujer tiene que estar ahí, derramando toda su belleza y gracia sobre su amante. Entonces no serás una víctima, de lo contrario lo eres, porque el amor no es aceptado por tus religiones idiotas como una experiencia natural y lúdica. Lo condenan. Algunas de ellas han puesto como condición que a menos que dejes a la mujer nunca alcanzarás la verdad. Y el condicionamiento lleva tanto tiempo que casi se ha convertido en una verdad, aunque es una absoluta mentira.

Eres una víctima de las tradiciones y ciertamente eres dependiente. Cuando leas más tu pregunta verás cómo eres dependiente, dependiente de una novia que te dice que eres aburrido, poco jugoso y víctima.

Su dependencia se muestra aún más: "Entonces me sentí muy culpable y deprimido y totalmente indigno". Si tu novia, diciendo verdades tan simples, puede hacerte sentir culpable y deprimido y totalmente indigno, ciertamente parece ser tu dueña. "Empecé a sentir dentro de mí un gran no". Y aquí es donde tu novia ha tenido la amabilidad de no decirte: "Tú también eres un poco idiota".

Dices: "Empecé a sentir dentro de mí un gran no hacia la existencia". Ahora bien, ¿qué ha hecho la existencia -hacia la vida, hacia el amor"? Esto demuestra tu total idiotez.

En lugar de escuchar a tu novia, que te decía sinceramente que eres aburrido, sólo un poco, deberías haberle preguntado: "¿De qué manera puedo volverme un poco más interesante? ¿Tienes alguna sugerencia?" Ese habría sido un paso inteligente.

Pero en lugar de preguntar a la chica empezaste a tener "un gran no: hacia la existencia, la vida, el amor". Pero entiendo la razón. Tal vez no puedas explicarlo, pero puedo ver la razón subyacente de tu gran "no". Crees demasiado en tu novia. Naturalmente, no podrías pedírselo; eso demostraría tu dependencia. Debes tener miedo de armar mucho jaleo con ella, porque las novias no son tus esposas permanentes; ninguna ley les impide irse con alguien más jugoso. Y todas al principio son jugosas, pero sólo unos días juntos y todo el jugo se seca. Empiezas a buscar a otra mujer, a otro hombre, porque todos parecen más jugosos.

Repetirás lo mismo vida tras vida; ya lo has hecho, sin entender el fundamento. Viviendo con un hombre más de una semana surge el problema de cómo deshacerse de él. Él también piensa en cómo deshacerse de ti. Pero a ninguno de los dos les parece bien, así que empiezan a crear problemas para que de alguna manera algún otro idiota se interese por su novia, porque los dos siguen viendo que otras chicas son más jugosas, otros hombres son más jugosos. Es una vieja historia que la hierba del otro lado de la valla parece más verde que tu propia hierba. La distancia crea ese fenómeno.

. . .

Cualquier mujer puede parecerte más interesante que tu esposa; ella es sólo un dolor de cabeza. Pero lo que no sabes es que todas esas mujeres siguen la misma filosofía.

Durante uno o dos días son tan maravillosas, y una vez que se han apoderado de ti comienza la verdadera historia: empiezan a convertirse en un dolor de cabeza. Lo mismo ocurre con los hombres. Al encontrarse con una mujer en la playa, en el parque, a la orilla de un río, se hace pasar por Alejandro Magno, camina como un león. Y al cabo de dos días el mismo sujeto se reduce a una rata.

Nadie habla de la realidad de por qué está ocurriendo esto, por qué tanta gente se hace desgraciada innecesariamente. Esta sociedad nunca será feliz si no permitimos que la gente se mueva y no se estanque en los matrimonios, que no se estanque en sus propias promesas.

Desde la libertad se encuentran el uno con el otro, y en el momento en que sientan que han explorado toda la topografía de la mujer y la mujer sepa que ha experimentado todo lo que es posible experimentar en el hombre, entonces es el momento de decirse adiós el uno al otro en profunda amistad. No es necesario colgarse del cuello del otro.

. . .

Un mundo completamente libre de cualquier contrato entre el hombre y la mujer sería inmensamente encantador, hermoso, poco aburrido, interesante. Pero hemos creado instituciones, y vivir en una institución no es una gran experiencia. Su matrimonio es una institución, aunque la nueva generación se mueve un poco más libremente, antes de establecerse después de los treinta años. He buscado por todo el mundo para encontrar un hippie que tenga al menos treinta y cinco años. No he encontrado ninguno. Alrededor de los treinta, todos los hippies desaparecen; se convierten en los mismos conservadores contra los que luchaban antes.

Viendo la situación en la que se encuentra la vida en las instituciones -matrimonio, comunidad, sociedad, Club de Leones, Rotary Club- no se puede vivir con alegría, se ha experimentado. Es la primera vez en la historia que tenemos una generación más joven. No quiero decir que en el pasado no hubiera jóvenes, pero no había "generación joven". Un niño pequeño, de siete años, empezaba a seguir el negocio del padre, empezaba a ir al campo, a cuidar las vacas; o si el padre era carpintero, el niño empezaba a ayudarle. A los siete años ya se había incorporado a la sociedad.

Por primera vez en la historia hay una generación que puede llamarse auténticamente más joven, y que ha creado una brecha generacional. Las escuelas están ahí, los colegios están ahí, las universidades, y se necesitan veinticinco años, veintiséis años para salir de la universidad con un título de postgrado. Pero para entonces ya no eres joven. Para entonces empiezas a tener responsabilidades: profesión, familia, matrimonio.

Pero durante el tiempo que pasas en las universidades, antes de entrar en la vida, hay una larga brecha en la que no te dedicas a ninguna actividad utilitaria, con propósito. Eso ha creado la brecha generacional. Los hombres y las mujeres llegan a la madurez sexual - las mujeres a los trece años, los hombres a los catorce- y se casarán quizás diez o doce años después. Estos doce años han hecho posible las novias y los novios.

Es una gran oportunidad para el futuro para entender todo el fenómeno y su psicología. Usted tiene la opción de cambiar los viejos hábitos, para crear problemas, pero dejar los viejos hábitos. Todo hombre necesita la experiencia de muchas mujeres. Cada mujer necesita la experiencia de muchos otros hombres antes de decidir casarse. Su experiencia les ayudará a encontrar a la persona adecuada con la que puedan fundirse y fusionarse sin ninguna dificultad.

"Mientras tanto", estás diciendo, "¡observé en mí esta energía destructiva y sentí que de alguna manera la disfrutaba!". Todo el mundo tiene energía destructiva, porque la energía, si se deja a sí misma, está destinada a ser destructiva a menos que se utilice con conciencia y se convierta en creativa. Pero lo más importante que estás diciendo es que: "De alguna manera lo disfruté".

Entonces, ¿cómo vas a cambiarlo?

Con cualquier cosa que disfrutes estás obligado a permanecer en el mismo nivel; no puedes cambiarlo, porque puede que no disfrutes del cambio. Y todo esto se te ha ocurrido sólo porque tu novia te ha dicho que eres "un poco aburrido, muy dependiente y una víctima".

Tienes energía. Disfrutar de la energía destructiva es suicida, disfrutar de la energía destructiva como destructiva está al servicio de la muerte. Si eres consciente de ello tienes que pasar por una transformación. Utiliza tu energía de forma creativa; quizás eso te haga menos aburrido, más interesante, menos dependiente, menos víctima. Y lo más importante será que no te sentirás culpable y deprimido.

Ninguna persona creativa se siente deprimida y culpable. Su participación en el universo a través de sus acciones creativas le hace sentirse tremendamente realizado y le da dignidad. Ese es el derecho de nacimiento de todo ser humano, pero muy pocas personas lo reclaman.

. . .

Además, este gran "no" se convertirá en un gran "sí" si la energía se mueve hacia dimensiones creativas. Y no hay ninguna dificultad, es muy fácil utilizar la energía en campos creativos. Pinta, haz jardinería, cultiva flores, escribe poesía, aprende música, baila. Aprende cualquier cosa que cambie tu energía destructiva en energía creativa, e inmediatamente el gran no se convertirá en un sí aún mayor.

Entonces no estarás enfadado con la existencia, estarás agradecido. No estarás en contra de la vida.

¿Cómo puede una persona creativa estar en contra de la vida, del amor? Es imposible, nunca ha ocurrido. Sólo las personas no creativas están en contra de todo. Y si puedes ser creativo, afirmativo a la vida, te habrás movido en la dirección de convertirte en un individuo auténtico, sincero, que celebra.

Tu novia ha planteado cuestiones muy importantes para tu vida. Lo más fácil sería cambiar de novia, pero te sugiero que ciertamente es una amiga tuya y que lo que te ha dicho es absolutamente sincero, auténtico. Agradece a ella y empieza a cambiar las cosas. El día que tu novia te acepte como alguien vivo, interesante, será un gran día en tu vida.

· · ·

Así que no seas cobarde y cambies de novia solo porque esta te crea problemas y quieres encontrar otra.

Tienes la suerte de encontrar una mujer muy compasiva. Tu próxima elección será muy difícil; ella te hará sentir absolutamente culpable e indigno, porque ¿qué has hecho para ser digno? ¿Qué has hecho para no ser aburrido? ¿Qué has hecho para declarar tu independencia? ¿Qué has hecho para no ser una víctima? Ya es hora de que lo hagas.

Quedarás siempre agradecido a tu novia.

Y me gustaría decirle a tu novia: "Sigue golpeando a este tipo hasta que estés satisfecha de que no es aburrido, sino que está lleno de vida, totalmente interesante, juguetón, celebrando. Puede que lo pierdas en algún lugar del camino de la vida, pero lo habrás preparado para alguna otra mujer; de lo contrario, tal como está ahora, va a torturar a muchas mujeres y se va a torturar a sí mismo."

Intento preparar al futuro hombre, que respetará a la mujer como a un igual, que le dará la oportunidad de crecer como él aprovecha la suya. Y no habrá ningún tipo de esclavitud. Si dos personas pueden vivir en el amor toda su vida, nadie los va a perturbar. Pero no hay necesidad de ningún matrimonio y no hay necesidad de ningún divorcio. El amor debe ser un acto absoluto de libertad.

Pero también te han dicho durante miles de años que "si realmente amas, tu amor tiene que ser permanente". No veo que nada en la vida tenga la cualidad de ser permanente. El amor no puede ser una excepción. Así que no esperes que el amor tenga que ser permanente. Esto hará que tu vida amorosa sea más hermosa, porque sabes que hoy estás junto, mañana tal vez tengas que partir.

El amor llega como una brisa fresca y fragante a tu casa, la llena de frescura y fragancia, se queda mientras la existencia lo permite y luego se va. No debes tratar de cerrar todas las puertas o la misma brisa fresca se volverá absolutamente rancia.

En eso se ha convertido la vida de la gente, en algo rancio, feo, y la razón radica en su idea del amor permanente. En la vida todo cambia. Y el cambio es hermoso; te da más y más experiencia, más y más conciencia, más y más madurez.

Hay un malentendido en tu mente. La alegría no se ha ido, la alegría nunca ha estado ahí, era otra cosa. Es la excitación la que se ha ido, pero tú pensabas que la excitación era la alegría. La alegría vendrá ahora; cuando la excitación disminuya, sólo entonces vendrá la alegría. La alegría es un fenómeno muy silencioso; no es excitación en absoluto, no es febril en absoluto. Es tranquila, calmada y fría.

Pero este malentendido no es exclusivo de usted, sino que se ha vuelto muy frecuente.

La gente cree que la excitación es la alegría. Es una especie de intoxicación; uno se siente ocupado, tremendamente ocupado.

En esa ocupación uno se olvida de sus preocupaciones, problemas, ansiedades. Es como beber alcohol: uno se olvida de sus problemas, se olvida de sí mismo, y al menos por el momento está lejos, muy lejos de sí mismo. Ese es el significado de la excitación: ya no estás dentro, estás fuera de ti mismo; has escapado de ti mismo. Pero debido a este estar fuera de ti mismo, tarde o temprano te cansas. Te pierdes el alimento que proviene de tu núcleo más íntimo cuando estás cerca de él.

Así que ninguna emoción puede ser permanente; sólo puede ser un fenómeno de un momento, algo momentáneo. Todas las lunas de miel terminan; tienen que terminar, ¡de lo contrario te matarán! Si sigues excitado te volverás loco.

Tiene que remitir, tienes que volver a nutrirte dentro de ti.

Uno no puede permanecer despierto durante muchas noches seguidas. Para una noche, dos noches, tres noches está bien, pero si permaneces despierto durante demasiadas noches empezarás a sentirte cansado, completamente cansado y agotado. Y empezarás a sentirte aburrido y muerto también; necesitarás descansar. Después de cada excitación hay una necesidad de descanso. En el descanso te recapitulas, te recuperas; entonces puedes pasar a la excitación de nuevo.

Pero la excitación no es alegría, es sólo una huida de la miseria.

Trata de entenderlo muy claramente: la excitación es sólo un escape de la miseria. Sólo da una experiencia falsa y superficial de alegría. Como ya no eres miserable crees que eres alegre; no ser miserable equivale a ser alegre. La verdadera alegría es un fenómeno positivo. No ser miserable es sólo una especie de olvido. La miseria te está esperando en casa, y siempre que vuelvas estará allí.

Cuando la excitación desaparece, uno empieza a pensar: "¿Ahora qué sentido tiene este amor?". Lo que la gente llama "amor" muere con la excitación, y eso es una calamidad. De hecho, el amor nunca había nacido. Era sólo un amor de excitación; no era un amor real. Era sólo un esfuerzo por alejarse de uno mismo. Era una búsqueda de sensaciones.

Utilizas acertadamente la palabra "diversión" en tu pregunta; fue divertido, pero no fue intimidad. Cuando la excitación desaparece y sólo se empieza a sentir amor, el amor puede crecer; ahora los días febriles han terminado. Este es el verdadero comienzo del amor.

Para mí, el verdadero amor comienza cuando se acaba la luna de miel.
   Pero para ese momento tu mente piensa que todo ha terminado, acabado: "Busca otra mujer, busca otro hombre.

   ¿Qué sentido tiene continuar? No hay más diversión".

· · ·

Si sigues amando ahora, el amor adquirirá una profundidad, se convertirá en intimidad. Surgirá una cualidad de gracia en él. Ahora tendrá una sutileza, no será superficial. No será diversión, será meditación, será oración.

Te ayudará a conocerte a ti mismo. La otra se convertirá en un espejo, y a través de ella podrás conocerte a ti mismo. Ahora es el momento adecuado para que crezca el amor, porque toda la energía que se estaba canalizando en la excitación no se desperdiciará: se verterá en las propias raíces del amor, y el árbol podrá tener un gran follaje.

Si puedes seguir creciendo en esta intimidad, que ya no es excitación, entonces surgirá la alegría: primero la excitación, luego el amor, luego la alegría. La alegría es el producto final, la realización. La excitación es sólo un comienzo, un desencadenante; no es el final. Y aquellos que terminan las cosas en la excitación nunca sabrán lo que es el amor, nunca conocerán el misterio del amor, nunca llegarán a conocer la alegría del amor. Conocerán las sensaciones, la excitación, la fiebre pasional, pero nunca conocerán la gracia que es el amor.

Nunca sabrán lo hermoso que es estar con una persona sin excitación, sino con silencio, sin palabras, sin esfuerzo por hacer nada. Sólo estar juntos, compartiendo un espacio, un ser, compartiendo el uno con el otro, sin pensar en qué hacer y qué decir, a dónde ir y cómo disfrutar; todas esas cosas han desaparecido. La tormenta ha pasado y hay silencio.

Y no es que no vayas a hacer el amor, pero no será un "hacer" realmente; será el amor sucediendo.

Así que mi sugerencia es: cuídate. Ahora que te estás acercando al templo no escapes. Entra en él. Olvídate de la excitación, es sólo infantil. Y algo hermoso está por delante.

Si puedes esperarlo, si tienes paciencia y puedes confiar en ello, llegará.

9

Tratar Los Problemas De Apego Inseguro

Las inseguridades vienen del pasado. Cada vez que se desencadena tu inseguridad, estás reviviendo acontecimientos pasados que te frenan. Es hora de avanzar y hacer las paces con el pasado para vivir una vida feliz y plena con tu pareja. El camino para lograr una relación sana no es fácil, y requerirá tiempo, esfuerzo y persistencia.

Comprender todos los aspectos de tu inseguridad es una parte importante para avanzar. Sin entenderlo, no serías capaz de dar los primeros pasos e invertir el esfuerzo en mejorar.

Traer tus inseguridades a tu conciencia ya hará maravillas, si no en otra cosa, en motivarte a luchar contra ellas. Las inseguridades se manifiestan como miedos subconscientes, partes de nuestros mecanismos defensivos, trucos y trampas de nuestra mente que nos frenan.

Es difícil ser consciente activamente, sobre todo en situaciones de estrés y en esos primeros momentos en los que se dispara la inseguridad. Pero ahora puedes saber que es tu voz crítica interior la que habla; no es tu verdadero yo. Es una percepción distorsionada de ti mismo que está jugando con tus emociones, utilizando tus inseguridades para profundizar en el miedo y protegerte de ser herido. Estos mecanismos defensivos eran útiles cuando éramos bebés y niños.

Se quedaron con nosotros en la edad adulta, pero ahora están haciendo más daño que ayuda, y es hora de superarlos.

Aprender a aceptar

Lo que has estado haciendo mal es que estás poniendo tu esfuerzo en controlar tu creencia central. Mientras lo hacías, creaste dolores adicionales que te empujaron a comportamientos que están dañando tu relación. Puede que te hayas aislado, que hayas sentido una ira incontrolable o que hayas intentado controlar a los demás. Tus esfuerzos por controlar el dolor incontrolable te están perjudicando cada vez más.

. . .

Es hora de considerar un cambio de táctica. En lugar de luchar, es mucho más saludable permitirte sentir todas las emociones negativas que surgen cuando se desencadena tu creencia central.

Es hora de dejar de luchar y aceptar la derrota para transformarse. Es difícil aceptar la derrota, y aún más difícil entender que necesitas sentir el dolor. Pero si lo haces, también te sentirás aliviado porque no tendrás que hacer todo el esfuerzo emocional necesario para luchar contra un enemigo al que no puedes vencer. Todas las luchas inútiles por las que pasaste tratando de controlar tu creencia central desaparecerán. El dolor permanecerá, pero ahora no tienes que luchar contra él, puedes escucharlo y puede que aprendas algo de él.

Vive según tus valores

Al igual que todos hemos imprimido creencias e inseguridades básicas, también hemos imprimido valores; características que consideramos útiles y que nos hacen felices. Estos valores nos los imprimen nuestros padres, la sociedad y la cultura en la que vivimos. Se basan en la moral, la personalidad y la sociedad en la que hemos crecido. Los valores varían en distintas partes del mundo y pueden parecer bastante personales. Es importante reconocer los valores que tienes para poder decidir conscientemente vivir según ellos. He aquí una breve lista de valores: Deber, diversión, compromiso, confianza, afecto, claridad, entusiasmo, honor, valor, familia, creatividad, imaginación, libertad, placer, lealtad, trabajo en equipo, verdad, virtud, apertura, seguridad, sexualidad, sabiduría, paz.

La inteligencia emocional es mucho más que un conjunto de enfoques y estrategias que sirven para identificar y gestionar mejor nuestras propias emociones. Se trata, sobre todo, de adquirir una verdadera conciencia emocional con la que construir relaciones más fuertes y respetuosas, y de ser una llave de poder con la que nos sentimos más seguros, más exitosos y más felices.

Hay muchos expertos que no ven rigor científico en el tema, que no aceptan la idea de que la inteligencia emocional sea otro tipo de inteligencia, sino un dominio, una habilidad. Sin embargo, la implicación que esta perspectiva psicológica, social y motivacional tiene en nuestra vida cotidiana va más allá de las lagunas que puedan existir o no en la teoría de Goleman.

La inteligencia emocional mejora nuestra calidad de vida, las relaciones interpersonales, nuestra propia percepción e incluso nuestra competencia profesional. Además, es un enfoque que debería informar la mayoría de los programas escolares para educar a personas más competentes, seguras y felices.

Aplicar esta conciencia emocional es clave para mejorar nuestra propia realidad personal y social. Veamos por qué.

La inteligencia emocional, la clave para una vida más plena

Desde la infancia, muchos de nosotros fuimos guiados por el camino de la contención emocional. Casi sin saberlo, nuestros padres y educadores nos aconsejaron que no lloráramos: "Ya eres un niño grande, si te enfadas, aguanta", o esa frase tan común: "Te tomas todo demasiado en serio".

Esta escasa sensibilidad al mundo emocional propio o ajeno sigue determinando muchos escenarios que atravesamos en nuestra vida cotidiana. En el contexto familiar, esta tendencia a camuflar las emociones sigue estando muy presente, por no hablar de nuestros lugares de trabajo, donde siguen triunfando las organizaciones jerárquicas dirigidas por líderes que persiguen objetivos inmediatos y crean un clima profesional opresivo y estresante.

. . .

Científicos señalan que la inteligencia emocional está presente en cualquier relación y que, a su vez, tiene un objetivo fundamental: ofrecernos una vida más plena.

Razones por las que las personas emocionalmente inteligentes son más felices:

Piensa por un momento en la inteligencia emocional como una antena, una antena con doble captación, interior y exterior, Gracias a ella, aprendemos a conocernos mejor, a comprender el núcleo de nuestras emociones y a entender el de los demás.

- Gracias a la inteligencia emocional, somos más conscientes de nosotros mismos. Nos ocupamos mejor de nuestros propios universos emocionales.
- Desarrollamos una mayor empatía emocional y cognitiva. Estamos más comprometidos con nosotros mismos.
- Construimos una mayor conciencia social.
- Fomenta habilidades de inteligencia emocional en el lugar de trabajo

El paradigma del trabajo está cambiando. La posibilidad real de que el trabajo sea más automatizado o de que las tareas sean realizadas por máquinas o robots ha llevado a los expertos en la materia a alertar de que en el futuro no se valorarán los conocimientos técnicos, sino que se priorizarán las habilidades personales. Por lo tanto, habilidades como la creatividad, el pensamiento crítico, el ingenio y la inteligencia emocional son claves para un mundo profesional más automatizado.

La inteligencia emocional como combustible en la educación de los niños

La inteligencia emocional es un poder clave a desarrollar en los niños para mejorar su capacidad de establecer relaciones más positivas con sus familias y compañeros, desarrollar una visión más equilibrada de la vida y alcanzar un buen potencial académico en la escuela. En definitiva, ser capaz de gestionar y comprender el propio mundo emocional significa tener un canal excepcional para el aprendizaje, la atención, la memoria y para controlar la frustración.

Razones por las que la Terapia Centrada en las Emociones funciona tan eficazmente para restaurar el amor y la conexión en su relación:

EFT se basa en una amplia investigación

. . .

La Terapia Centrada en las Emociones (EFT) es un enfoque de terapia de pareja basado en la investigación y fundado por los doctores Susan y Les Greenberg Johnson. Se basa en la teoría del apego y en una amplia investigación en neurociencia sobre la necesidad innata de los seres humanos de sentirse apegados y reconfortados por sus seres queridos. Las técnicas utilizadas en EFT para reparar y mejorar las relaciones entre parejas y familias se construyen a través de una investigación continua sobre los enfoques y procesos que más eficazmente restauran la fe en las relaciones y refuerzan el vínculo intrínseco de conexión en el corazón de todas las relaciones exitosas de amor.

EFT aborda las necesidades universales de apego

Ahora nos damos cuenta de que la necesidad de apego es universal y funciona a todas las edades. De hecho, investigaciones recientes demuestran que las relaciones de apego de los adultos tienen la misma función de supervivencia que el vínculo entre padres e hijos: proporcionar una persona segura a la que dirigirse para obtener consuelo y seguridad a fin de afrontar los retos de la vida y asumir los riesgos necesarios para el crecimiento personal.

EFT llega al corazón del conflicto

. . .

Los conflictos y la desconexión entre las parejas son la razón número uno por la que la gente busca consejo. Los conflictos relacionados con los celos, el sexo, las finanzas, la crianza de los hijos, la familia política u otras cuestiones no se refieren únicamente al contenido específico sobre el que se discute. Estos problemas tienen que ver con que tu pareja no se hace notar, no se entiende y no se respeta.

Las últimas investigaciones neurocientíficas demuestran que todos necesitamos que nuestras parejas sean abiertas, sensibles y se comprometan emocionalmente con nosotros.

Cuando la persona más importante de nuestra vida no está presente, o nuestra necesidad de sentirnos cerca y protegidos no se ve satisfecha, nos sentimos angustiados y a menudo nos enfadamos, nos sentimos ansiosos, tenemos miedo, estamos distantes o nos adormecemos. Independientemente del contenido, la verdad subyacente es que todos necesitamos la seguridad de que nos cuidan y de que, cuando lo necesitemos, nuestra pareja estará ahí para nosotros.

EFT cura lo que importa

. . .

Todos necesitamos preguntar en nuestras relaciones cercanas: "Cuando te necesite, ¿Estarás ahí para mí?". EFT te ayuda a arreglar las heridas profundas, las faltas de respeto y las pérdidas que experimentan las parejas. Las súplicas de afecto, aceptación, estímulo, seguridad y consuelo están justo debajo de las palabras duras y las voces enfadadas. Con el tiempo, empezarás a escuchar y entender al otro con ánimo y responderás efectivamente al otro de una manera segura y amorosa.

La EFT crea seguridad

La tarea principal de la Terapia Centrada en las Emociones es ayudarle a usted y a su pareja a convertirse en la base estable y el refugio del otro.

Le ayudará a entender y mejorar la forma en que usted y su pareja interactúan, se sienten cerca el uno del otro y se experimentan de una manera más amorosa. El efecto es un patrón más constructivo que fomenta el afecto, la confianza y el apego a medida que cambian sus patrones negativos de comunicación.

EFT fomenta la comunicación efectiva.

. . .

Tras la alteración del patrón destructivo, cada uno de vosotros se calmará y se sentirá cómodo con el otro. Sin tanta actitud defensiva del pasado, cada uno de vosotros será más capaz de enviar mensajes claros al otro, hablar desde el corazón, considerar el punto de vista del otro y resolver realmente el conflicto.

EFT produce resultados que duran

Incluso después de terminar el asesoramiento, las investigaciones demuestran que la mayoría de las personas son más capaces de comunicarse con eficacia y afecto.

Además, serán más capaces de trabajar juntos, resolver problemas y reparar los conflictos de la relación cuando se produzcan.

Construirán una verdadera asociación y apreciarán la amistad continua, la calidez, la pasión y el amor de una relación que está firmemente unida a ustedes.

10

Las Nuevas Habilidades Que Necesitas Aprender

HABILIDADES DE COMUNICACIÓN en una relación amorosa

Ante los problemas que puedan surgir de los conflictos en una relación amorosa, una I buena capacidad comunicativa es quizás el mejor antídoto para llegar a una solución conjunta y consensuada. Y los mejores ingredientes para cocinar esta solución son el respeto, la comprensión y la amabilidad.

Además, es fundamental aprender a comunicarnos adecuadamente, ya que a veces decimos las cosas fuera de tiempo o en el momento menos conveniente. Esto hace que a veces nuestro trato con la otra persona sea inadecuado.

. . .

Los problemas surgen cuando intentamos adivinar los pensamientos o sentimientos de la otra persona, ya que a menudo nos equivocamos en las conclusiones que sacamos.

También generalizamos: "Siempre haces lo mismo", "Nunca me haces caso", "Eres un abuelo", en lugar de especificar lo que nos gusta o no claramente. Y no sólo eso, es importante que nuestra conducta no verbal coincida con lo que decimos y no sea contradictoria.

Entonces, ¿qué aspectos podemos mejorar cuando nos comunicamos en una relación amorosa?

En cuanto a esta conducta no verbal, hay que tener en cuenta algunos aspectos. En primer lugar, en la comunicación interpersonal, es importante mantener el contacto visual, así como adaptar las expresiones faciales a la situación y asegurarse de que están en consonancia con el mensaje que queremos transmitir. Es bueno que nuestra postura corporal represente la atención hacia la otra persona. Y por último, se recomienda que tanto el volumen como el tono de voz sean tranquilos y suaves.

Sé espontáneo, sonríe y no tengas miedo de reírte de lo que te hace gracia. Ten libertad con tu amor. No te dejes atrapar por las dudas e incertidumbres que rodean tu mente.

Sé tú mismo en cualquier situación sin avergonzarte de la maravillosa persona que eres.

No esperes sufrir, no crees monstruos en tu cabeza, no elijas vivir bajo el miedo. Si no te llama, espera al día siguiente sin ansiedad. Vivir en una relación esperando sufrir es un suicidio a largo plazo. Deja que la libertad fortalezca esta relación.

No te inventes peleas por nada. Piensa bien si vale la pena luchar por esto o por aquello. Reflexiona y siempre, siempre, analiza antes de explotar. Cuando falles y sientas que has dado el pelotazo, pide disculpas. Es hermoso pedir disculpas.

Ponte en el lugar del otro. Imagina que fueras tú quien estuviera en la situación; ¿cómo reaccionarías? ¿Qué palabras utilizarías para explicarte? ¿Cómo manejarías todo esto? Una vez que tengas esta visión, estarás preparado para resolver el conflicto.

. . .

No se llene de mensajes, pero envíe un mensaje de vez en cuando, diciendo "te echo de menos". Dígale a su ser querido que desearía que estuviera aquí ahora mismo para ver su cara hinchada por la anestesia del dentista, Por último, conecte con su amor y el de su pareja.

Las sorpresas y los misterios son grandes afrodisíacos; mantienen viva esa llama que hace que la vida en pareja sea tan deliciosa, así que crea momentos. Programe un viaje sorpresa. Prepara una cena romántica. Compre un regalo y proporcione pistas para una búsqueda del tesoro.

Cultiven juntos los hábitos, ya sea dando un paseo o viendo una película durante el fin de semana. Esto creará armonía y aportará complicidad. Será tu momento, y nadie entra, nadie sale.

No te tomes todo tan en serio, ríete de la vida juntos. Si la pelea del sábado pasado continúa hasta hoy, entonces levanta la bandera blanca con mucho humor.

Sé más tolerante con los errores de los demás. Todos somos seres humanos y todos nos equivocamos a veces. No quieras poner fin a la relación por cada pequeño error. Evalúa las condiciones y ve lo que realmente te conviene; si realmente es insoportable, entonces es mejor que la relación termine, pero si son errores tontos, perdona.

No te anules por tu amor. Ten tu intimidad, tu cita con los amigos, tu tiempo para estar solo. Aunque estéis en el mismo barco, tú y tu pareja tenéis vidas independientes y esa vida debe seguir siendo única para que la unión se fortalezca.

Nadie soporta estar mucho tiempo en la rutina con nadie, porque todos tenemos problemas, tristezas; todos tenemos una vida. No inventes muletas, camina con tus propias piernas.

Practicar la aceptación incondicional

En ocasiones, deseamos secretamente que la otra persona cambie para adaptarse a nuestros deseos o normas, de alguna manera queremos que las cosas sean diferentes de lo que son. El problema es que esta actitud puede llevarnos a sentir mucha frustración, ya que el otro no siempre actuará como esperamos. De hecho, si lo hiciera, dejaría de ser él mismo.

Aprender a amar al otro tal y como es, aceptando su forma de ser, es esencial si queremos mantener una relación. Por supuesto, esto no significa que tengamos que aceptar comportamientos irrespetuosos o generar sufrimiento. Hay límites infranqueables.

Ahora bien, es importante que tengamos en cuenta que la otra persona está actuando de la mejor manera que conoce en función de su experiencia, salvo en el caso de las relaciones tóxicas y abusivas. La mayoría de nosotros no actuamos con mala intención.

Por lo tanto, lo mejor es entender y hablar de lo que nos incomoda.

Tener esto en cuenta ayuda a alimentar una actitud de amabilidad hacia el otro, incluso en los momentos más complicados.

Aprende a estar contigo mismo

Cuando la indiferencia por estar en pareja ha terminado la relación, muchos se preguntan:
¿Y ahora qué? Algunos se inclinan por buscar a otra persona. Sienten la necesidad de llenar ese vacío de vez en cuando. Sin embargo, cuando una relación termina, la mejor opción es aprender a estar con nosotros mismos.

De esta manera, evitaremos caer en otra relación por dependencia.

Hay muchas personas incapaces de llevar una vida sin alguien a su lado. Por muy romántico que parezca, lo que hay detrás de esta necesidad generada es un factor primordial de dependencia emocional.

A muchos les aterra estar consigo mismos, no tener a nadie a quien abrazar, escuchar sus pensamientos o identificar lo que quieren y lo que no quieren.
Hay un vacío interior que pretenden llenar con afecto externo. De este modo, es muy difícil esperar a una persona que realmente encaje, condenando así la nueva relación a un final prematuro.

Aprender a estar solo

La vida es más bonita con amor, pero es más saludable cuando nos sentimos bien con nosotros mismos. Por lo tanto, para eliminar la dependencia emocional, es necesario aprender a estar solo. Disfruta y compréndete a ti mismo. Profundiza en quién eres, en lo que quieres y en lo que no.

. . .

Cuando uno se ama a sí mismo y no necesita a los demás, entonces está preparado para amar sanamente.

A todos nos gustaría tener una pareja ideal, personas a las que amar. Pero la necesidad y el deseo son cosas muy diferentes. Cuando necesitamos, no funciona. Cuando tenemos que tener a alguien a nuestro lado para sentirnos bien, es probable que la relación no se desarrolle de forma saludable.

Hay que aprender a disfrutar de la vida sin pareja.

Hay un sinfín de cosas que hacer, como descubrir y desarrollar nuestras habilidades, labrar nuestro futuro, dedicar tiempo a las aficiones, hacer amigos con buena gente, viajar, disfrutar de las pequeñas cosas. Y sobre todo, cuidarse y quererse como se merece.

Aprender a desactivar el ego

Hay que entender que el ego es una forma de desconectarse completamente de los ejes que mueven el amor consciente, el amor maduro que se ofrece en libertad y plenitud al otro para formar una pareja, para tener un proyecto común de respetar siempre el crecimiento personal del otro.

Si tu pareja es un hábil artesano del egoísmo, pon límites desde el principio y aclara que el amor no consiste en juzgar, controlar o incluso rellenar los huecos e inseguridades de los tuyos mediante la manipulación. Amar no es ofrecer cargas, sino la plenitud que conlleva el crecimiento interior.

Tenemos que hacer las cosas que nuestro ego quiere y disfrutarlas tal y como suceden. Es entonces cuando se despertará nuestra verdadera conciencia del amor, la que deja de luchar para dar paso a la espontaneidad de lo cotidiano, a la libertad donde no hay ataduras y donde cada persona es dueña de sí misma y, a su vez, parte de un proyecto común.

¿Es posible cambiar el patrón de apego que aprendimos en la infancia?

Podríamos definir el apego como un vínculo creado entre dos personas que les hace querer permanecer juntas en el espacio y en el tiempo. Esta unión se crea en los primeros meses de vida con el cuidador principal y rige las relaciones que nos guiarán en el futuro. Sin embargo, ¿es posible cambiar el patrón de apego establecido en la infancia?

. . .

El psicoanalista John Bowlby se dedicó al estudio del apego y estableció que el proceso comienza poco después del nacimiento, pero no es hasta los ocho meses aproximadamente cuando se puede considerar el primer vínculo de apego entre el bebé y el cuidador principal.

Apego preventivo inseguro: A estas alturas, el bebé ha aprendido que el poder que tiene para producir reacciones en las personas que le rodean es muy limitado. Por ello, la reacción más habitual es que sea poco expresivo.

Apego inseguro-ambivalente-resistente: El niño ha tenido episodios de llanto en los que ha sido consolado y otros en los que no ha recibido la misma atención. Esto le genera inseguridad a la hora de enfrentarse al mundo. Siente que tiene el poder de producir un efecto en los demás, pero también entiende que ese efecto es imprevisible.

Nuestro estilo de apego nos hace crear una primera imagen de lo que nos rodea, lo que interiorizamos profundamente. A menos que podamos aprender otros patrones más adelante, entendemos que esta es la forma en que nos relacionamos con las personas que amamos.

Cambiar comportamientos

. . .

El éxito de una relación depende de la voluntad de los miembros de la pareja de esforzarse por igual. Cuando es una sola persona la que parece acertar, no puede funcionar, porque acaba frustrándose.

Estar en una relación con alguien que lucha con problemas de apego inseguro puede ser problemático porque tiene una mala actitud y desconfianza, y estos dos factores son agentes implacables de la ruina.

No puedes cambiar tus emociones, que son producto de tus inseguridades, pero sí puedes cambiar la forma en que respondes a esas emociones y creencias fundamentales. Hay dos cosas que debes hacer para poder cambiar tu comportamiento con éxito: ser consciente de tu comportamiento actual y de cómo influye en tu relación, y luego hacer lo contrario.

Revisa tu comportamiento

Nuestros comportamientos que provienen de las inseguridades no son más que patrones que debemos romper para cambiar la influencia de la inseguridad en nuestra relación. Si miras hacia atrás en tus comportamientos pasados, tendrás la mejor oportunidad posible de cambiarlos en el futuro. No te avergüences de tus comportamientos pasados ni pienses en ellos como algo malo. Seguro que fueron inútiles, y ese es el único término del que debemos ser conscientes. Ahora queremos cambiar nuestros comportamientos a útiles.

Piensa en qué situaciones desencadenan tus inseguridades.

¿Tienes una respuesta a esas situaciones que se repiten?

Quizá sea una combinación de respuestas. Si tienes inseguridades de abandono, ¿tienes tendencia a alejarte de tu pareja pero de repente te vuelves pegajoso y dependiente?

¿Notas ese patrón en tu comportamiento? Escribe tus inseguridades, lo que las desencadena y cómo te comportas en respuesta a ellas: observa los patrones y date cuenta de ellos.

No juzgues tus comportamientos pasados; es cierto que pueden no ser agradables, pero los comportamientos son mecanismos de afrontamiento diseñados para lidiar con el dolor emocional. No funcionaron, pero eran los únicos mecanismos que tenías. Ahora aprenderás otros nuevos, útiles, y verás cómo tu relación se vuelve más agradable tanto para ti como para tu pareja.

Para entender mejor tus comportamientos pasados, intenta recordar cómo respondió tu pareja a ellos. Piensa en cómo se comportó tu pareja inmediatamente después de que se disparara tu inseguridad y cuál fue su respuesta a largo plazo. ¿Se enfadó? ¿Se puso triste? ¿Dejó de llamarte? Las inseguridades hacen que te comportes negativamente, y tu pareja no tiene más remedio que responder negativamente.

Esto se debe a algo que se llama popularmente vibraciones.

Es tu comportamiento el que se proyecta sobre tu pareja.

Tus emociones se transfieren a él, y él pierde el control sobre sus emociones y comportamientos. Verte de forma tan negativa le deja sin opciones. Puede que él esté lidiando con sus propias inseguridades, así que tienes que convertirte en la imagen de calma, seguridad y paz que quieres ver en tu relación.

. . .

Es muy difícil cambiar los comportamientos inútiles porque se convierten en hábitos y, como ocurre con cualquier hábito, es fácil volver a ellos. Pero ahora que has observado cómo esos comportamientos influyen en tu pareja y en tu relación, sabes que tienes que cambiarlos. Céntrate en tus valores y el cambio será mucho más fácil. Tus valores son algo natural para ti. Son la moral que te guía por la vida. No son algo en lo que piensas; los sientes como parte de ti. Tienes que aprender a comportarte según tus valores, no según tus emociones.

Hacer lo contrario

Se necesitará mucha energía para resistirse a los viejos hábitos y cambiar su comportamiento por otros útiles, pero a medida que practique y acceda a los nuevos comportamientos adoptados, le resultará más fácil. Llegará un momento en el que se producirá sin esfuerzo, de forma casi automática y natural. Esto le hará sentirse mejor consigo mismo; será un logro importante. En lugar de sentirse indigno, aumentará su autoestima. Incluso tu pareja reconocerá tu esfuerzo y te recompensará con más amor.

Veamos algunas respuestas y comportamientos habituales que puede tener.

. . .

Por ejemplo, usted tiene la inseguridad de abandono y la creencia central de privación emocional. Estás saliendo con tu pareja y te gusta mucho. Ocurre una situación en el trabajo que desencadena tus inseguridades y necesitas tranquilidad; es natural que la busques en tu pareja. Le llamas, pero no responde. Le llamas tres veces más, sin éxito. Piensas que no le gustas tanto como a ti; que te va a dejar, si no, te contestaría al teléfono. Te sientes angustiada, deprimida y asustada, y ya estás dolida. Te entran unas ganas tremendas de saber por qué no te contesta enseguida, y sigues llamando. Por fin contesta al teléfono; está asustado y te pregunta qué le pasa. Le explicas que no es nada, que es algo que ha pasado en tu trabajo y que necesitas escuchar su voz. Entonces te informa de que estaba en medio de una reunión con un cliente importante y tus constantes llamadas la interrumpieron. Cuelga. Te sientes mal por la situación y le envías un mensaje de texto pidiéndole perdón y diciéndole que te entró el pánico y que no es tu comportamiento habitual. Pero este es el patrón de comportamiento que tienes cuando te sientes inseguro. Muy pronto, tu pareja se hartará y querrá salir de la relación, porque buscas comunicación innecesaria, necesitas tranquilidad, eres pegajosa y necesitas seguridad.

Este sería el comportamiento útil y opuesto:

- No inicie la comunicación y, si debe hacerlo, asegúrese de que no está invadiendo la intimidad de su pareja.
- En su lugar, haz algo para distraerte. Puede ser un pasatiempo, un ejercicio rápido o simplemente organizar tu mesa de trabajo.
- En lugar de pensar en ti mismo, haz algo por un colega, hazte voluntario o pasea el perro de un vecino. Sé útil a los demás, desplaza el foco de atención de ti mismo a otra persona.

Sé consciente de las situaciones que desencadenan tu inseguridad. Permanece en el presente y no cedas a las trampas de nuestra mente. Medita o tómate una taza de té relajante mientras contemplas tu experiencia presente. Recuerda que tus inseguridades provienen de tus diferentes creencias básicas. Tu situación puede ser diferente, pero los pasos que debes dar para superarla son los mismos que se muestran en el ejemplo.

Asegúrate de utilizar tus valores personales como guía para los comportamientos útiles. De este modo, no sentirás que vas en contra de tu naturaleza y será más fácil dominar los nuevos comportamientos adoptados.

. . .

Los seres humanos nos adaptamos continuamente como seres sociales, mentales y físicos. Al igual que nuestros cuerpos reflejan cosas como el clima, la comida y el ejercicio, nuestros espíritus y psiquis reflejan nuestros caminos.

Por un lado, esta capacidad de adaptación nos permite gestionar las situaciones futuras con mayor eficacia. Por otro lado, puede impedirnos aprovechar nuevas oportunidades.

Nuestras experiencias determinan cómo nos comportamos, en lugar de ver a una persona o circunstancia como algo diferente. Nuestra memoria acaba con nosotros, en lugar de al revés. Quizá el mejor ejemplo sea la confianza.

Si un amigo nos traiciona, cuando un socio comercial se desentiende de nosotros rápidamente, cuando un amante nos es infiel, nuestra voluntad de confianza se rompe. La próxima vez que un amigo haga una promesa, un socio comercial nos proponga un proyecto o un amante nos pregunte dónde estamos, el error será asumido por nuestra mente inconsciente.

. . .

Aunque creamos que todo está bien, nuestra percepción se ve empañada por los recuerdos del pasado. Y lo que es peor, cargar con este residuo emocional nos impedirá crear nuevas conexiones saludables.

Entonces, ¿cómo podemos volver a aprender a confiar? ¿Se pueden acallar las palabras del pasado? Las soluciones son más accesibles de lo que podrías imaginar.

Puedes ver a las personas y las situaciones a través de una lente más directa, mediante la práctica regular y la adhesión a algunos principios básicos.

Tienes todo el valor y la fuerza necesarios para atravesar cualquier reto que se presente en tu vida, una gran reserva de energía y la sabiduría para saber lo que tienes que hacer en tu situación. Confía en ti mismo para hacer frente a lo que hay que hacer. La confianza, la seguridad y el hecho de atravesar cada condición, un paso a la vez, te darán la confianza y la fuerza para avanzar en tu vida.

Si los problemas o los desafíos se cruzan en tu camino, cuando estás preocupado y ansioso, este es el momento de poner tu confianza en el Espíritu, en la Presencia Divina, y darte cuenta de que ahora puedes relajarte, sabiendo que Dios está a cargo de ello.

. . .

Debes confiar y confiar en que todo saldrá bien.

En el momento adecuado y de la manera perfecta, nuestro éxito siempre llega a nosotros. Nuestra vida se eleva en el momento perfecto. A medida que aprendemos a creer y confiar en la paz espiritual, descubrimos que podemos dejar que nuestra vida trabaje para nosotros. Somos mucho más valorados de lo que hubiéramos esperado.

Dios es la Sabiduría Divina y vive en cada uno de nosotros. Siempre tenemos esa sabiduría al alcance de la mano. Sepan ahora que Dios quiere para nosotros todo lo que es perfecto.

Ten en cuenta que el paso fundamental para aprender a confiar es observar cuidadosamente tus propias reacciones.

No tienes que criticarte ni tratar de cambiar tu comportamiento. Sólo escucha. ¿Qué cosas has experimentado en el pasado? Si has experimentado la desconfianza, ¿de dónde viene concretamente? Una vez que los sentimientos del pasado salgan a la superficie, tendrás una mejor comprensión de por qué te cuesta confiar. Esta perspectiva va a inspirar el cambio.

Aprende a confiar en ti mismo, Gran parte de la desconfianza en los demás proviene de la incapacidad de confiar en nosotros mismos. La mente subconsciente asume la responsabilidad cuando alguien nos perjudica o traiciona.

Fui tan estúpido como para creerles. La culpa es mía. Si bien es cierto que co-creamos nuestro mundo muchas cosas están fuera de nuestro control. Perdonar y creer en nuestras acciones es un aspecto fundamental para mantener la fe en los demás.

Las afirmaciones sencillas son un buen punto de partida. En posición de reflexión, piense o dígase a sí mismo "Confío en mí mismo. Confío en mi capacidad para tomar las decisiones correctas. Confío en que el mundo me llevará a donde tengo que ir". Repite estas afirmaciones tan a menudo como sea posible, utilizando los términos y estrategias que te convengan.

Encuentra tu estado natural. Cuando confiamos plenamente en la vida, sabemos que estamos en el camino correcto. Sin embargo, nuestros poderes mentales y espirituales no siempre comparten este sentimiento. Restaurar la fe es una cuestión de unir nuestros corazones y abrir en nosotros la raíz del amor. Instintivamente queremos sentirnos satisfechos, seguros y dispuestos a confiar en los demás, ya sea en el dormitorio o en la sala de juntas. Puede que haga falta compasión, validación y un trabajo duro a la vieja usanza, pero es realmente inestimable poder volver a confiar.

CÓMO CURAR TUS HERIDAS DE APEGO

Cura tus heridas, baja tu armadura, muestra tu luz. Si tenemos la armadura levantada y somos conscientes de nuestras heridas, no podemos mostrar nuestra luz.

Hay dos puertas esenciales que hay que pasar antes de poder comprender nuestra independencia intelectual de la mente, la emoción y el espíritu.

La primera puerta va a contracorriente de nuestra naturaleza humana: ser lo suficientemente débiles como para bajar la armadura de nuestra autoproductividad.

Pero debemos tratar de entender lo que estamos cubriendo antes de poder avanzar.

. . .

Cada uno de nosotros, si nos quitamos la armadura protectora, estamos gravemente heridos. La puerta del verdadero yo se cierra y fortifica fácilmente. Por muy increíbles que fueran nuestros padres, no nos protegieron de las heridas que cortan los nervios de nuestro corazón.

Cada uno de nosotros tiene sus heridas y decepciones no resueltas del pasado. Y es el yo blindado el que nos protege.

Sin embargo, el yo blindado no siempre es un aliado. A menudo trabaja en contra de nuestros mejores intereses, porque está alimentado por el miedo.

Para convertirnos en la persona que somos en lo más profundo de nuestro ser -la que vive libre de espíritu- debemos afrontar, o al menos ser honestos, con nuestras heridas.

No podemos hacer esto con nuestra armadura, así que tenemos que quitarla. Pero hay que decir que puede ser aún más perjudicial si nuestro yo herido se expone a ataques rodantes sin los preparativos adecuados.

. . .

Por ello, debemos hacer acopio de valor.

Imaginemos un águila surcando el cielo, totalmente autorizada en su vuelo, sin miedo. Sin embargo, no somos así tan a menudo. Somos muchas menos veces.

Cada uno de nosotros es un ser divino con un potencial de luz que cautivará a todo el universo. Pero primero hay que abrir nuestras puertas armadas y heridas.

No es hasta que nos preparamos con valor que el yo herido convertirá la armadura en la verdad y las oportunidades de desarrollo que prevalecen cada día.

Cómo curar a tu niño interior herido

Cuando permites que tu niño interior herido viva a través de ti, sufres los resultados de un patrón arquetípico dañado o bloqueado. El niño herido hace referencia a los patrones emocionales rotos de experiencias o acontecimientos estresantes de la infancia. Continúa experimentando las mismas experiencias negativas repetidamente como adulto.

. . .

Te enfrentas al poder arquetípico de tu psique mediante la curación. Desafías la voz de tu niño interior en lugar de sofocarla. Como no puedes dar marcha atrás al reloj, utilizas varios gestos simbólicos para mostrar a tu niño interior amor y aprecio.

Aquí tienes algunos pasos para curar a tu niño herido:

Comprende la programación de tu infancia. Cualquier imagen distorsionada de ti mismo puede encontrarse en las historias de tu infancia. En realidad, tu percepción y tu relación con los demás están influidas por lo que ocurrió en tu juventud. ¿Necesitas una imagen?

La formación de los niños está influenciada principalmente por sus cuidadores. Cuando eras pequeño, tus cuidadores representaban el mundo para ti. Los mirabas como ejemplos de comportamiento. Entonces formaste relaciones basadas en lo que aprendiste de tus padres y observaste en ellos. Tus padres aprendieron de los suyos.

Así, has ido construyendo capas de convicciones, patrones y comportamientos de una generación a otra.

Reconozca los patrones de vida que se repiten. A primera vista, tus experiencias pueden no parecerse a las que te traumatizaron en el pasado. Sin embargo, los patrones negativos tienen, en última instancia, la misma capacidad de dolor emocional. Debes ser capaz de reconocerlos en sus diferentes formas.

Por ejemplo, una historia de abuso sexual puede hacer que sus propios hijos sufran abusos emocionales. El rechazo puede remontarse al abandono de años atrás. La anorexia, la obesidad o la depresión pueden tener su origen en la imagen negativa de nuestros padres más jóvenes.

Pocos de nosotros somos lo suficientemente valientes como para eliminar sus traumas de la infancia. En cambio, la mayoría de nosotros cargamos con nuestro equipaje negativo. Todos los aspectos de nuestra vida muestran los mismos patrones, ya sea con uno mismo, en casa o fuera de ella.

Reconoce el dolor. Las necesidades de tu hijo herido han sido sofocadas durante mucho tiempo. Sanar al niño herido te permite reconocer el trauma y el daño que has sufrido.

Comprende que está motivado para tomar muchas de sus decisiones, comportamientos y convicciones porque tuvo que evitar el dolor. Es esencial saber que gran parte de ello se basa en el miedo y, por lo tanto, no te sirve para tu mayor bien.

Abstente de juzgarte a ti mismo. ¿Te juzgas con dureza? Date cuenta de que la programación de tu infancia te ayudó a afrontar y navegar por una época confusa en tus años de crecimiento. Entonces eras un niño. Tuviste que soportar la idea de que el mundo no era muy sano.

Abraza al niño herido. Esto es un acto de amor propio.

Cuando lo piensas, te das cuenta de que te han obligado a crecer demasiado rápido. De alguna manera, deja atrás al bebé para poder hacer frente a la velocidad de la vida. El niño que dejaste atrás nunca tuvo la oportunidad de jugar o estar vivo.

Aunque el pasado no puede cambiarse, sanas a tu hijo herido haciendo un gesto simbólico. Ahora visualizas la aceptación y el amor de tu hijo herido. También juras que no ignorarás más las necesidades de tu hijo herido.

Practica la valentía. La idea de abandonar la historia de tu infancia puede asustarte inicialmente.

. . .

Llevas tanto tiempo conectado con tu pasado que crees que sin él estarás perdido. Sientes rabia hacia tus padres, tu familia o tus amigos por la persona que eres ahora. Tienes que culpar a alguien por tu ser disfuncional.

Bien, tienes que darte cuenta de que tu ego debe ceñirse a una forma, a una trama. Es un hecho; la historia de la infancia es una colección de ideas del pasado. No puedes esperar construir una vida digna a menos que primero liberes tu lealtad a un viejo guión. Debes dejar de alimentar una mentalidad de "pobre de mí".

Debes ser audaz si quieres avanzar.

Perdona plenamente. Debes perdonar con todo tu corazón.

No se trata sólo de redención para uno mismo. Perdonas a todos los que han contribuido a la situación en la que ahora te encuentras. Dando uno o dos pasos atrás, puedes ver que tus padres también han sido influenciados por sus propias experiencias infantiles. Te han infligido, sin saberlo, lo que ellos sufrieron cuando eran adolescentes.

. . .

Cuando te resulte difícil practicar la redención plena, pregúntate si quieres seguir en la esclavitud mental. La esclavitud mental te impide construir tu vida digna. Puedes liberarte tomando el control de tu vida a partir de ahora.

Conclusión

¿Te ha emocionado ver que no eres la única persona que se enfrenta a la sensación de inseguridad? "¿Por qué iba a emocionar a alguien?", te preguntarás. Bueno, la respuesta es sencilla: no estás solo. Nunca sientas que tienes que andar por este mundo tú solo, sin alguien a quien acudir. En este libro hemos visto cómo puedes sacar lo mejor de todas las relaciones que tienes, y cómo evitar comportamientos que no ayudan a hacer crecer tus relaciones. Tanto si la persona a la que recurres es un familiar, un amigo o tu pareja, estarás preparado para dejar de lado tus inseguridades y abrirte a ellos.

Por supuesto, ser inseguro en el amor tiene sus retos. Incluso tu pareja puede no entender por qué haces ciertas cosas. Pero esto no significa que los obstáculos sean insuperables. Puedes desaprender patrones de comportamiento malos y perjudiciales y adquirir otros nuevos que mejoren vuestra relación. Tu pareja estará encantada de ver lo mucho que puedes cambiar.

Además, ese cambio a mejor demuestra lo mucho que te quieres a ti misma y a él. El amor que muestras impresionará sin duda a tu pareja.

Ya has visto que la comunicación franca es necesaria para que una relación florezca y que debes dar a tu pareja cierta intimidad. Encuentre un equilibrio entre ambas cosas. Siga hablando con su pareja de sus sentimientos, exprese sus opiniones y pensamientos. No olvides que tu pareja también tiene voz y, por tanto, también transmitirá sus propias ideas y opiniones. Ante los desacuerdos, trátalo con amabilidad y evita asumir que tu pareja tiene motivos ocultos. Comprende que él también comete errores y que está tratando de mejorar como tú en este momento.

Aprende a dejar de lado el pasado. Concéntrese en el presente y en lo que le espera a la relación. Date cuenta de que tu pareja es tu mayor confidente. Aprecia los momentos que pasas con él y tendrás un gran tesoro de recuerdos que contemplar en el futuro.

La seguridad en una relación no es mirar hacia atrás con nostalgia a lo que fue o a lo que podría ser, sino vivir y aceptar la relación actual, tal y como es ahora.

Los celos arruinarán absolutamente tus relaciones. ¿De dónde vienen y qué puedes hacer? Las relaciones tienen cuatro opciones: ninguno de los dos tiene celos, tú tienes envidia, pero tu pareja no, tu pareja tiene celos, pero tú no, o ambos tenéis envidia. El primer ejemplo no estresa la relación, mientras que los tres últimos son estresantes.

Eres celoso y tu pareja no. No sabes si puedes confiar en la persona que amas. Dudas de sus acciones y le culpas, abiertamente o en tu cabeza. No tienes confianza y ofreces muy poca intimidad a tu pareja.

Tu pareja confía en ti. No te bombardeará con diez mil preguntas sobre quién eras y dónde estabas. Es posible que esto se perciba como una prueba de lo poco que le importas, cuando en realidad es todo lo contrario.

Si tu pareja está celosa, pero tú no, ¡tu pareja está loca! Te va a asfixiar. Amas a tu pareja, pero no puedes respirar. Él o ella necesita estar contigo regularmente, preguntarte con quién estás y qué estás haciendo. Es posible que quiera comprobar tu móvil y tu correo electrónico para ver con quién te relacionas, y no se fía de ti.

Lo primero que tienes que recordar es que nunca podrás cambiar a tu pareja. Muchas parejas piensan que si se casan, el compañero celoso perderá el miedo. Esta vulnerabilidad persigue a la persona, independientemente de su estado civil. Si una persona tiene un deseo ardiente de cambiar su actitud celosa, debe esforzarse por conseguirlo, pero un certificado de matrimonio no es una cura para los celos.

Así que pregúntate, ¿sigue siendo la persona con la que quieres estar si tu pareja nunca cambia y mantiene esta conducta celosa para siempre? Si la respuesta es sí, entonces tienes que aprender a lidiar con las incesantes dudas e intrusiones en tu vida.

Si la respuesta es no, debes planear una estrategia de finalización o al menos disminuir el tiempo que pasas en la relación.

Aquí, ambos trabajan desde la necesidad de fuerza o desde la necesidad de vida. Tienes miedo de estar solo o quieres controlar el comportamiento de tu ser querido, lo cual no es sano.

Tu relación podría durar mucho tiempo. Como ambos trabajáis desde el mismo lugar, probablemente no notarías el caos. Tienes que ver cómo sería la vida si tuvieras una relación con tu pareja o con otra persona y existiera la confianza entre vosotros. Deberías conocer algo más fuerte y comprometerte deliberadamente con acciones que generen ese tipo de confianza en tu vida.

Cuando el problema es que uno de los dos, o ambos, han sido infieles en el pasado, entonces hay verdaderos problemas de confianza. Si has sido tú quien ha mentido, intenta comprender el miedo y los temores de tu pareja al menos brevemente. La persona que ha engañado hace que su vida sea un libro abierto para su mujer. En este caso, permita a su pareja acceder a sus idas y venidas para ayudarle a desarrollar de nuevo la confianza en su relación.

Si eres tú el que ha engañado a su pareja, no estás libre de culpa. Si tu pareja te da la oportunidad de saber lo que está haciendo, para restaurar la confianza en ti, también debéis trabajar juntos para recuperar la fe.

Debes estar abierto a la idea de que tu pareja está mejorando y está realmente arrepentida de su indiscreción.

Abandona tu deseo de castigarle o hacerle pagar y empieza a reconstruir de verdad vuestra relación. Deja que tu ira desaparezca.

El amor genuino no funciona según el principio de la escasez. Para recibir amor, dalo libremente. La confianza es el único camino a seguir si amas a alguien y quieres estar tranquilo.

Los celos son como una enfermedad que invade tu amistad.

Tiene el poder de ser devastador. No permitas que la envidia erosione la honestidad, el amor y el respeto de tu relación.

Extender tu fe y confianza es un regalo para la persona que amas. Si él o ella es una persona honorable, la recompensa se conserva y se cuida. Si no lo es, no tardarás en descubrir el verdadero carácter de tu amigo. Y tendrás que tomar una decisión cuando lo hagas.

A menudo se percibe la envidia como algo que se activa externamente, pero se trata de una programación 100% interna en términos realistas. Puede ser psicológicamente desalentador entender qué es lo que desencadena la envidia, pero puede haber un enfoque sistemático para entender por qué te sientes como lo haces.

Hay muchas cosas que provocan los celos, como han descubierto muchos individuos. Los celos provienen de la baja autoestima o de la imagen de uno mismo. El principio subyacente es que todo nuestro universo está mediado por nuestros filtros de percepción. Si tenemos una mala imagen de nosotros mismos, o si no nos sentimos bien con nosotros mismos, nuestros filtros se ven comprometidos. Todo lo que vemos en el exterior se modifica, y nuestras respuestas emocionales son incorrectas.

Por ejemplo, si somos profundamente adictos al afecto, al amor y al aprecio de nuestros amantes, pero no sentimos que lo merezcamos por ninguna razón, entonces nos preocupa que nos dejen o que se vayan. Ese entendimiento sólo está en nuestra mente, y nos gusta analizar las cosas y darles un significado inexistente. Nuestro propio miedo a que nos dejen por un hombre más guapo nos hace ver a todos los chicos que creemos que son más guapos. Una conversación normal nos lleva a preocuparnos por el intercambio. La ansiedad ocupa nuestra cabeza. Los celos son un símbolo de nuestros propios miedos y preocupaciones, y a menudo podemos crear una profecía autocumplida de que perderemos a quien amamos y necesitamos.

Mientras tu amante esta 100% dedicado a ti, tus actos de miedo pueden frustrarla, y puedes hacerla cambiar de opinión sobre lo que piensa de ti por tus propias acciones.

Haces que ella quiera evitar la incomodidad que tu manipulación provoca, y cuando se va, sólo afirmas tus sospechas cuando en realidad sólo ocurrió porque no te ocupaste de las emociones de su corazón.

Los celos se pueden reparar, desmenuzar y destapar, pero debes aceptar que son un problema y querer cambiarlos. Céntrate en la forma en que te ves a ti mismo, en tu autoestima y en tu forma de pensar o en tus conversaciones internas. El verdadero problema está en el interior.

Es importante darse cuenta de que una relación plagada de ansiedad e inseguridad no tiene las mejores perspectivas. Aunque no siempre está condenada al fracaso, no será una relación feliz y cercana; ¿cómo puede serlo si tu pareja siempre está pensando que dudas de ella y siempre estás interpretando las cosas? Estar a merced de tus miedos no te hará feliz, y si quieres asegurarte de que tus miedos no se hagan realidad, lo mejor es superarlos y simplemente vivir el momento, disfrutando de tu relación por lo que es, en el aquí y ahora.

No hay que avergonzarse por admitir que se necesita ayuda y si realmente sientes que tienes un problema del pasado que te está afectando en el aquí y ahora, o simplemente no puedes superar tus miedos, pedir ayuda y asistencia profesional es algo que debes hacer. No es un fracaso ni una debilidad, y es una de las cosas más fuertes que puedes hacer.

Hay muchas opciones de ayuda y apoyo, pero hablar con tu pareja como primer puerto de escala es una gran idea.

Esto le ayuda a entender lo que está pasando dentro de tu cabeza y le da la oportunidad de ayudarte a tratar tus problemas en su origen. En muchas situaciones, esto es suficiente. Si no funciona, hay otras opciones, como la terapia de pareja, la terapia individual y los métodos de autoayuda para ayudarte a superar la ansiedad. Su médico también puede hablarle de los medicamentos si la ansiedad es un problema importante en su vida.

No dejes que el miedo gane, no dejes que descarrile tu vida sin una buena razón. Enfréntate a tus miedos, supéralos y espera un futuro libre de inseguridades y ansiedades constantes en las relaciones.